Adolf Gurlt

Übersicht über das Tertiär-Becken des Nieder-Rheines

Adolf Gurlt

Übersicht über das Tertiär-Becken des Nieder-Rheines

ISBN/EAN: 9783742866516

Hergestellt in Europa, USA, Kanada, Australien, Japan

Cover: Foto ©Andreas Hilbeck / pixelio.de

Manufactured and distributed by brebook publishing software (www.brebook.com)

Adolf Gurlt

Übersicht über das Tertiär-Becken des Nieder-Rheines

UEBERSICHT

UEBER

DAS TERTIÄR-BECKEN

DES NIEDER-RHEINES

VON

Dr. AD. GURLT.

MIT EINER UEBERSICHTSKARTE.

BONN 1872

Die Tertiärablagerungen, welche das niederrheinische Becken einnehmen, sind noch nicht im Zusammenhange beschrieben worden und die vorliegende Abhandlung bezweckt daher in gedrängter Kürze eine Uebersicht der bisher über dieselben gemachten Beobachtungen zusammenzufassen. Es ist nicht die Absicht, eine ausführliche Monographie des niederrheinischen Beckens zu geben, da dieselbe viel mehr Raum umfassen würde, als für diese Zeilen zu Gebote steht, die vielmehr als eine Unterlage zu einer solchen betrachtet werden sollen, indem allein zwischen 200 und 300 Profile aufgeführt werden müssten, die bisher bekannt sind, um über den innern Bau dieser Formation genauen Aufschluss zu geben. Dieselben mussten hier grösstentheils weggelassen werden, ebenso wie die Höhenmessungen, da die Letzteren erst in engster Verbindung mit den Ersteren im Stande sind, die relative Lage der einzelnen Glieder des niederrheinischen Tertiärgebirges zu einander klar zu legen.

Ebenso ist darauf verzichtet worden, die so sehr bedeutende Fauna und Flora dieser Formation näher zu erläutern, und ist dieserhalb in Betreff der Fauna auf „v. Dechen's Geognostischen Führer in das Siebengebirge am Rhein", S. 320 bis 340, in Betreff der Flora auf dasselbe Buch S. 340 bis 369, sowie auf die trefflichen Arbeiten von C. O. Weber und J. Wessel in den Palaeontographica von W. Dunker und Herm. v. Meyer Band II und IV zu verweisen. Für den vorliegenden Zweck musste ein einfaches Verzeichniss der in der niederrheinischen Tertiär-Formation aufgefundenen thierischen und pflanzlichen Organismen genügen.

Was die dieser Abhandlung beigefügte Uebersichtskarte betrifft, so hat für dieselbe die grosse v. Dechen'sche Karte von Rheinland-Westfalen und die Uebersichtskarte dazu, als Grundlage gedient und sie ist im Maassstabe der Letzteren gezeichnet. Es sind auch solche Vorkommen von Tertiärschichten zur Anschauung gebracht worden, die nicht zu Tage liegen, sondern unter einer selbst bedeutenden Diluvialbedeckung aufgefunden wurden, da auf diese Weise eine grössere Uebersichtlichkeit erlangt wird.

Literatur.

Die Literatur über die niederrheinische Tertiärformation ist ziemlich verbreitet und zerstreut, doch dürfte das nachstehende Verzeichniss die wesentlichsten Mittheilungen enthalten.

Jacob Noeggerath, Mineralogische Studien über die Gebirge am Niederrhein, Frankfurt, 1808.

Derselbe, Mineralogische Beschreibung der Braunkohlenablagerung am Pützberge bei Friesdorf, v. Moll's Neue Jahrbücher, Band 3. 1815.

Derselbe, Das Gebirge in Rheinland-Westfalen, Band 1 bis 4, Bonn, 1822—25.

Derselbe, Einiges über die Braunkohlenformation des Niederrheins, daselbst Band 4.

Derselbe, Ueber aufrecht stehende in Gebirgsgestein eingeschlossene Baumstämme etc., daselbst Band 1 S. 303 und Band 4 S. 238.

Derselbe, Zusammenvorkommen von Basalt und Braunkohlen bei Utweiler im Siegkreise, Karsten's Archiv, Band 5, S. 138. 1832.

Derselbe, Ueber die Gebirgsbildungen der linken Rheinseite in den Gegenden zwischen Düsseldorf bis zur Maas bei Roermonde, Karsten's Archiv für Mineralogie etc., Band 14, S. 230. 1840.

C. v. Oeynhausen, Zusammenstellung der Beobachtungen über das Schiefergebirge am Niederrhein, Berghaus' geographische Zeitschrift Hertha, Band 12. 1828.

H. v. Dechen, Beschreibung des Kohlen- und Tunnelbaues im Brühler Braunkohlenreviere, Karsten's Archiv, Band 3. 1831.

Derselbe, Geognostischer Führer in das Siebengebirge am Rhein, 2. Auflage. 1861. S. 166—369.

Derselbe, Statistische Darstellung des Kreises Bonn, 1862—64. S. 19 ff.

Derselbe und v. Mülmann, Statistik des Regierungsbez. Düsseldorf, 1864. S. 181 und 248.

Derselbe und H. A. Reinick, Statistik des Regierungsbezirks Aachen, 1865.

H. G. Bronn, Ueber die fossilen Reste der Papierkohle vom Geistinger Busch im Siebengebirge, Leonhard's Zeitschrift für Mineralogie. 1828.

H. R. Goeppert, Ueber die im Basalttuff des hohen Seelbachkopfes bei Siegen entdeckten Hölzer etc. Karsten's Archiv für Mineralogie Band 14 S. 180. 1840.

Derselbe, Bericht über eine in den preussischen Rheinlanden etc. unternommene Reise, Karsten's Archiv, Band 23. 1850.

v. Strombeck, Ueber die Lagerung der niederrheinischen Braunkohlen, Karsten's Archiv Band 6 S. 299. 1833.

J. G. Zehler, Das Siebengebirge und seine Umgebungen, Crefeld. 1837.

S. H. Hibbert, History of the brown coal formation of the lower Rhineland, Jameson's New Edinburgh Philosophical Journal, vol. IV. p. 276. 1834.

Leonh. Horner, On the geology of the environs of Bonn, Transactions of the Geological society, 2nd series vol. IV. p. 447. 1836.

Leopold von Buch, Ueber die Lagerung der Braunkohlen in Europa, Monatsbericht der berliner Akademie der Wissenschaften, November. 1851.

C. Nauck, Zeitschrift der deutschen geologischen Gesellschaft Band 4 S. 19.

Derselbe, ebendaselbst, Band 7, S. 13.

Faujas-Saint-Fond, Sur la terre brune de Cologne, Annales des mines No. 36 p. 895.

C. O. Weber, Ueber die Süsswasserquarze von Muffendorf bei Bonn, W. Haidinger's Naturhistorische Abhandlungen, Band 4.

Derselbe, Die Tertiärflora des niederrheinischen Braunkohlen-Gebirges, Palaeontographica von W. Dunker und H. v. Meyer, Band 2. 1851.

Derselbe und J. Wessel, Tertiärflora des Niederrheins, ebendaselbst Band 4. 1856.

Fr. Rolle, Ueber das Süsswasserquarzgestein von Muffendorf bei Bonn, von Leonhard und Bronn's Neues Jahrbuch 1850. S. 789.

H. Bleibtreu, Ueber Umwandlung von bituminösem Holz in Pechkohle, Bericht der 25. Versammlung der Gesellschaft deutscher Naturforscher und Aerzte, Aachen 1849, S. 264.

Agassiz, Untersuchungen über die fossilen Süsswasserfische der tertiären Formation, v. Leonhard und Bronn's Jahrbücher für Mineralogie. 1832.

Herm. v. Meyer, Palaeontographica, Band II, IV, VII.

H. Troschel, Verhandlungen des naturhistorischen Vereins für Rheinland-Westfalen. 1856, 58, 67.

v. Heyden, Insekten aus dem Braunkohlengebirge von Rott im Siebengebirge, Palaeontographica Band VIII, X, XIV, XV.

C. F. Zinken, Physiographie der Braunkohle. 1867 und Supplement 1871. S. 596—621.

Verhandlungen des naturhistorischen Vereins für Reinland-Westfalen. Bonn 1843—71: Mittheilungen von J. Noeggerath, H. v. Dechen, C. O. Weber, A. Krantz, J. Burkart, H. Heymann u. A.

Das Tertiärgebirge des Niederrheines erfüllt ein grosses Becken, welches gegen Süd-Westen, Süden und Osten durch das ältere Gebirge begrenzt, gegen Westen und Norden hin offen ist, und sich aus der Gegend von Aachen über Eschweiler, Düren, Zülpich, Euskirchen, Rheinbach bis Sinzig jenseits der Ahr, dann um das Siebengebirge herum über Siegburg, Bensberg, Gladbach bis jenseit Düsseldorf erstreckt.

Ausser diesem Hauptbecken kommt es in einem Nebenbecken vor, welches von dem ersteren gänzlich getrennt ist, in der Nähe von Neuwied und des Laacher See's und ist dasselbe ausführlich in v. Dechen's Geognostischem Führer zu dem Laacher See, Bonn 1864 beschrieben worden, daher es in diesem Aufsatze nicht mit behandelt werden wird, ebenso wie ein paar ganz isolirte kleine Mulden in der Gegend von Dhaun in der Eifel.

Die nachfolgende Darstellung wird sich auf die Beschreibung des Vorkommens in dem grossen Becken beschränken und es nach seiner Ablagerung in gewissen Buchten, längs des Küstenrandes, betrachten.

Die Bucht von Düren erstreckt sich aus der Gegend der Maas am Nordrande des Niederländischen Schiefergebirges bis an die Erft; die Bucht von Bonn folgt derselben bis Sinzig auf der linken Rheinseite und bis Ober-Cassel am Fusse des Siebengebirges; die Bucht von Siegburg schliesst sich hier an, geht nördlich um das Siebengebirge und folgt dann dem Ostrande des Grauwackengebirges von der Sieg bis nördlich von Gladbach, wo sich die Düsseldorfer Bucht anschliesst und bis an die Ruhr hinzieht. Die Mitte des grossen Beckens, das Centralbecken, wird von einer ausgedehnten Landzunge oder Halbinsel eingenommen, die sich zwischen den Thälern des Rheines und des Schwistbaches und der Erft in nordöstlicher Richtung weit in das Becken hineinstreckt und das Vorgebirge genannt wird. Gegen Westen und Norden wird das niederrheinische Becken durch eine Linie begrenzt, welche sich aus der Gegend von Mastricht, der Maas über Roermonde bis Venlo folgend, in der Richtung auf Wesel nach Osten zieht. Jenseits dieser Linie ist die Tertiärformation aller Wahrscheinlichkeit nach auch noch in bedeutender Ausdehnung vorhanden, bisher aber nur an wenigen Punkten wie bei Xanten und neuerdings auch bei Cleve bekannt geworden.

Die nachstehende Beschreibung wird die Dürener, die Bonner, dann die Düsseldorfer und die Siegburger Bucht, endlich das Centralbecken behandeln und ein Verzeichniss der bisher aufgefundenen Thier- und Pflanzenreste sich anschliessen.

Der westlichste Theil der Dürener Bucht in der Nähe von Aachen schliesst sich fast unmittelbar an die Tertiärablagerungen an, welche in der holländischen Provinz Limburg, östlich der Maas zwischen Heerlen und Nuth und bei Brunssum auftreten, und zwei Niveaus des Oligocän angehören. Eine Ablagerung von grünem Sande, dem Ober-Oligocän oder Rupélien supérieur von Dumont, angehörig, wurde unter Anderm bei Terwoom in der Nähe von Heerlen unter 30 Fuss Diluvialbedeckung erbohrt und ist bekannt westlich von Eggelshoven im Thale des Mölenbach bei Hönsbröck und Nuth und erstreckt sich westlich bis an die Maas.

Darunter liegt eine bedeutende, dem Mittel-Oligocän angehörige Thonablagerung bei Velten, Heerlen, Wynantsrade und nördlich des Mölenbaches bei Hönsbröck und dem Thale folgend über Thul, Schinnen, Geleen, endlich in einer grösseren Parthie bei Brunssum und Schinvelt, südlich von Gangelt. Diese Formation besteht zu unterst aus grauem Thon mit marinen Fossilien und enthält *Corbula Pisum* Sow.; *Corbulomya triangula* Nyst.; *C. complanata* Sow. var. Nyst.; *Venus incrassatoides* Nyst., *Cerithium subcostellatum* Schloth.; *C. margarithaceum* Broch. und entspricht den Thonen von Klein-Spawen bei Mastricht, welche dem Tongrien Dumont's angehören. Ueber dem grauen Thone folgt eine 8 Fuss mächtige Lage Sand, dann ein 2 Fuss mächtiges Braunkohlenflötz, überlagert von schwarzem bituminösem Thon und endlich dem grünen oberoligocänen Sande und muss diese Ablagerung von Sand mit Braunkohle und bituminösen Thon wohl eher als Brackwasserbildung, denn als Süsswasserbildung angesehen werden. Es scheint von Wichtigkeit zu bemerken, dass der grüne Sand, welcher seine Färbung von eingemengten Glaukonitkörnern erhält, bei Heerlen und Nuth über der Braunkohle liegt, während weiter östlich ein mariner Glaukonitsand unter derselben angetroffen wird, und daher den analogen oberoligocänen Muschelsanden von Crefeld, Neuss u. a. O. gleichzustellen ist.

Oestlich dieser Ablagerung tritt im Thale des Wormflusses zwischen Bardenberg und Palenberg eine mächtige Braunkohlen führende Tertiärbildung auf, die sich weit nach Osten hin erstreckt und dem ganzen Westrande des niederrheinischen Beckens folgt, in diesem westlichen Theile desselben aber, sowie bei Ompert und Helenabrunn in der Nähe von Gladbach, auf marine Glaukonitsande aufgelagert ist, die folglich dem Mitteloligocän angehören.

Der westlichste Aufschluss liegt dicht an der Grenze des älteren, hier aus Kreide bestehenden Gebirges, an der Aachen-Mastrichter Eisenbahn bei Vötschau und zeigt unter 6 Fuss Lehm und Kies 20 Fuss blaugrauen Thon und ein Flötz von 3 Fuss Braunkohle, das dem älteren Gebirge aufzuliegen scheint und mit den Tertiärschichten bei Laurensberg im Zusammenhang steht, woselbst unter 6 Fuss Lehm, 5 Fuss Sand mit

Eisensteinnieren, 6 Fuss Sand mit Feuersteingeschieben, 1 Fuss Braunkohle und 15 Fuss grauer Thon über weissem Sande aufgeschlossen sind. Von hier aus springt das Kohlengebirge zungenförmig, dem Wormthale folgend, nach Norden vor und an seiner Ostseite bei Bardenberg und Paffenholz tritt wieder das Braunkohlengebirge auf und ist längs der Aachen-Crefelder Eisenbahn bis in die Gegend von Palenberg und Uebach aufgeschlossen bei Afden, Herzogenrath, Worm, Nievelstein und Hofstädt. Es besteht hier wesentlich aus mächtigen Lagern von Sandstein und Sand, über denen Braunkohle und Thon unter der Diluvialbedeckung liegen. So findet sich bei Afden unter 10 Fuss Deckgebirge und $1\frac{1}{2}$—2 Fuss Thon mit Braunkohlenstückchen, schneeweisser Sandstein, der sich in Bänke von 5 Fuss Dicke absondert und in losen Sand übergeht, der zur Glasfabrication verwendet wird. Die Grube Thoria bei Afden baut unter 4 Fuss Lehm und Kies auf einem 20 Fuss mächtigen Braunkohlenflötz, während bei Herzogenrath ein Flötz von 1—$2\frac{1}{2}$ Fuss über mehr als 60 Fuss mächtigem Sandsteine liegt; bei Düffersheide ist die Kohle $1\frac{2}{3}$ Fuss, bei Hofstädt $8\frac{3}{4}$ Fuss mächtig und bei Palenberg wurde sie unter 346 Fuss Obergebirge mit $51\frac{1}{3}$ Fuss Mächtigkeit erbohrt. Von besonderem Interesse ist ein ganz kürzlich bei Wildniss, nördlich von Herzogenrath und östlich von Nievelstein niedergebrachtes Bohrloch, welches das folgende Profil ergab. Meter: 1.56 Lehm, 0.94 Mergel, 11.58 Kies, 3.15 weisser Sand, 1.25 gelber Sand, 8.14 weisser Sand, 2.10 weisser Sand mit Kies, 0.68 brauner Sand, 10.50 Braunkohle, 32.38 brauner Sand, 0.64 brauner Sand mit Feuerstein, 26.80 brauner Sand 3.29 brauner Sand mit Feuerstein, 30.92 brauner Sand, 9.73 hellbrauner Sand, 6.28 grauer Sand, 0.53 grüner Sand, 0.40 grüner Sand mit Versteinerungen, 2.50 grüner Sand, 1.57 grauer Sand, 0.16 schwarzer Stein, 1.73 dunkelgrüner Sand, 9.70 grüner Sand, Kohlengebirge. Ausser dass dieses Bohrloch $32\frac{1}{3}$ Fuss Kohle nachgewiesen hat, ist es besonders interessant durch den erbohrten Glaukonitsand mit Abdrücken von unzweifelhaft marinen Conchilien, die den Gattungen *Cardium*, *Cardita* und *Corbula* angehören. Schon früher waren von Bergmeister Sinning Abdrücke mariner Muscheln in (?) oder unter dem weissen Sande von Herzogenrath beobachtet, aber nicht bestimmt worden, und so scheint denn hier ein Aequivalent des marinen Mitteloligocän von Limburg vorzuliegen, das sich übrigens über Alsdorf, Höngen, Blumenrath, Neusen bis Eschweiler und Nothberg, am Rande des älteren Gebirges erstreckt, wo der grüne Glaukonitsand fast überall zwischen Braunkohlen und dem Steinkohlengebirge aufgefunden wurde, wie weiters angegeben werden wird. In dem oberen eisenschüssigen Sandsteine bei Herzogenrath und Nievelstein kommen nach Goeppert Coniferen vor, so *Pinites aquisgranensis*, der von Wurmgängen durchfurcht war.

Oestlich des Wormthales findet sich derselbe Tertiärsand bei Borschelen oder Buschleiden unter 74 Fuss Deckgebirge, und bei Uebach kommt unter 40 Fuss Lehm und Geröll 4 Fuss gelber Sand und über 42 Fuss weisser Sand vor, der ohne Zweifel mit dem des Wormthales zusammenhängt. In dem ganzen Terrain, zwischen der grossen Verwerfung des Feldbisses, die sich von Verlautenheid in nordwestlicher Richtung zieht und bei Herzogenrath und Afden das Wormthal schneidet und der Verwerfung der Sandgewand bei Eschweiler bis an das Thal des Inde-Flusses bei Weissweiler, scheint das Braunkohlengebirge zusammenhängend vorhanden zu sein, wenigstens wurden Braunkohlen darin angetroffen, bei Wildniss östlich von Nievelstein ein Flötz von $35^{1}/_{3}$ Fuss, westlich von Alsdorf zwei Flötze von $1/_2$ und 3 Fuss, nordwestlich von Höngen zwei solche von 2 und 7 Fuss, zwischen Höngen und Warden vier Flötze von 27, 20, 3 und 22 Fuss, bei Birk von $7^{1}/_2$ Fuss, bei Noppenberg zwei Flötze von 30 und 22 Fuss, im Nirmer Tunnel an der Düren-Aachener Eisenbahn zwei von 3 Fuss und 12 Fuss, in Eschweiler 36 Fuss, bei Eschweiler auf Grube Centrum zwei von $8^{1}/_2$ und 3 Fuss, zwischen Bergrath und Röttchen nördlich der rheinischen Bahn sechs von 11, 12, 1, $1/_3$, 4 und $7^{2}/_3$ Fuss, zwischen dort und Eschweiler zwei von $8^{2}/_3$ und $5^{1}/_6$ Fuss, bei Nothberg drei von $1/_3$, 1 und $2^{1}/_2$ Fuss und bei Weissweiler vier von $1^{1}/_3$, $3^{1}/_6$, $13^{1}/_2$ und 11 Fuss Mächtigkeit.

Der grüne Sand über dem Steinkohlengebirge und unter der Braunkohle wurde in verschiedener Mächtigkeit nachgewiesen bei Nothberg, Bergrath, Röttchen, Neusen, Often, Blumenrath, Warden, Höngen, Scharfenberg, Altdorf, scheint aber östlich von Weissweiler und der Inde, wenigstens in der Nähe des älteren Gebirges nicht mehr vorzukommen. Die Mächtigkeit des Tertiärgebirges nimmt im Allgemeinen zu, je weiter man sich vom Rande nach der Mitte des Tertiärbeckens entfernt, obgleich die grossen Verwerfungen Sandgewand, Münstergewand und Feldbiss ausserordentliche Dislokationen des Grundgebirges verursacht, mithin auch die Mächtigkeit der Tertiärschichten wesentlich beeinflusst haben. So beträgt sie bei Weissweiler $114^{1}/_2$ Fuss, zwischen Weissweiler und Pützlohn $388^{2}/_3$ Fuss, bei Eschweiler östlich der Sandgewand $250^{1}/_2$ Fuss, auf Grube Centrum daselbst 302^{2} Fuss, zwischen Bergrath und Röttchen $369^{1}/_3$ Fuss, zwischen St. Jörris und Neusen 72 Fuss, nordöstlich von Neusen, am Oftener Bach $147^{1}/_2$ Fuss, auf Grube Maria bei Höngen 239 Fuss, westlich von Warden $152^{1}/_2$ Fuss und 266 Fuss, zwichen Warden und Höngen $251^{1}/_2$ Fuss, östlich von Alsdorf 271 Fuss, zu Wildniss bei Nievelstein sogar $529^{1}/_2$ Fuss u. s. f. Was die Zusammensetzung der Tertiärschichten dieses Gebietes betrifft, so bestehen sie abwechselnd aus Sanden und Thonen, doch sind die

Sande bei Weitem vorherrschend, meist von weisser oder grauer Farbe, während die Thone meist grau oder von Bitumen schwarz getärbt sind. Sandsteine kommen fast gar nicht vor, doch in einzelnen Lagen zuweilen Concretionen von Schwefelkies, wie bei Röttchen, aber selten Geschiebe wie bei Warden oder Feuersteingeschiebe wie bei Laurensberg und Nievelstein. Ueber dem Braunkohlenlager im Nirmer Tunnel findet sich röthlichgelber thoniger Sand und darüber grünlichgelber thoniger Sand, welcher Blöcke von festem quarzigen Sandstein mit einer Menge ausgezeichneter Pflanzenreste einschliesst, namentlich Früchte von Dikotyledonen, Blätter von Laurineen, Zapfen und Hölzer von Coniferen u. s. w.

Auf der Ostseite des Indeflusses bis an die Roer ist das Tertiärgebirge vielfach nachgewiesen worden. So sind zwischen der Inde und dem Wehebache bei Langerwehe mächtige Thonschichten mit Braunkohlenstreifen bekannt, die hier wohl als das älteste Glied der Braunkohlenformation anzusehen sind und dem älteren Gebirge direkt aufgelagert zu sein scheinen; an den Thalrändern tritt der Thon meist zu Tage, ist aber sonst von Diluvium bedeckt, während am sogenannten Fuffenter bei Stolberg grosse lose Blöcke von Braunkohlensandstein vorkommen[1]).

Nördlich des Wehebaches bei Lucherberg findet sich eines der am längsten bekannten Braunkohlenlager dieser Gegend und es tritt hier 24 Fuss mächtig unter 65 Fuss Thon und Sand auf; nach Lammersdorf hin nimmt es bis 10 Fuss und südlich von Lucherberg, wo es unter 9 Fuss Sand liegt und bituminöses Holz enthält, auf 7 Fuss Mächtigkeit ab. Doch ist dieses nur das oberste einer Reihe mächtiger Braunkohlenflötze, die bei Lucherberg am östlichen Ende der Muldenlinie der Eschweiler Steinkohlenmulde erbohrt wurden. Es finden sich hier in einer Gesammtmächtigkeit des Tertiärgebirges von 164 Fuss nicht weniger als 10 Braunkohlenflötze unter einander mit einer Gesammtdicke von 93¼ Fuss, nämlich von 6, 46, 2¼, 3, 5, 1, 3, 7½, 16 und 3½ Fuss und diese schliessen zwischen dem 7½ und 16 Fuss mächtigen Flötze ein zwei Fuss starkes Thoneisensteinlager ein. Dieses Braunkohlengebirge setzt östlich bis an das Roerthal fort, wo es nördlich von Echtz durch ein Bohrloch mit über 640 Fuss Stärke nachgewiesen wurde und in einer mächtigen Thonbildung, welcher Sand aufgelagert ist, fünf Braunkohlenflötze, 4, 5, 6, 81 und 2 Fuss, zusammen 98 Fuss mächtig und ein 1 Fuss starkes Sphärosideritflötz führt.

Auch südlich von diesen Punkten dehnt sich das Tertiärgebirge dem Rande des älteren Gebirges über Bertzbür nach Kreutzau folgend aus und besteht meist aus feinem weissen Sande an dem Ausgehenden, während

---

1) Noggerath, Rheinl.-Westf. Band 4. S. 346.

in den Dörfern Merode und Gürzenich auch Braunkohlen in den dortigen Brunnen aufgedeckt worden sind.

Oestlich des Roerthales ist wiederum Braunkohle unter der Stadt Düren bekannt, wo sie nach v. Strombeck[1]) unter einer Bedeckung von 50 Fuss Sand und Thon in einem Brunnen des Herrn Telnons angetroffen wurde.

Südlich von Düren liegt bei Stockheim die Braunkohlengrube Eustachia, welche unter 60 Fuss Kies und Sand auf einem 10—13 Fuss mächtigen, im Thon eingelagerten Braunkohlenflötze einen bedeutenden Bergbau führt. Diese Kohle enthält sehr viel bituminöses Holz, das grösstentheils Coniferen angehört. Hieran schliesst sich eine Braunkohlenablagerung zwischen Drove, Soller, Thumm und Froitzheim, auf der bei Frauengenheim bei 18—22 Fuss Flötzmächtigkeit in der Grube Proserpina am Schalleberge unter 10—50 Fuss Diluvium, und einer Bedeckung von 30—50 Fuss feinen Tertiärsandes eine Gewinnung stattfindet. Am nördlichen Rande des Thales des Nevelsbaches findet sich zwischen Ginnich und Füssenich unter dem Diluvium auf Thon anfruhend ein Braunkohlenlager, welches wahrscheinlich ein Bruchstück des auf der Südseite des Thales in der Grube Astrea bei Juntersdorf gebauten Flötzes ist. Hier findet sich dasselbe mit 20 Fuss Mächtigkeit auf einem Liegenden von Thon und bedeckt mit Thon 15 Fuss, und Diluvium 24 Fuss, 10 Fuss unter Tage; es enthält sehr viel Lignit oder bituminöses Holz wie in Eustachia und es ist daselbst gediegener Schwefel in Krystallen und erdig vorgekommen, wie auch am Vorgebirge in der Braunkohle bei Walberberg und dem weissen Sande bei Roisdorf.

Die Tertiärbildung setzt nach Süden fort und bei Embken findet sich wieder Braunkohle, während der Sand sich südlich von Zülpich bis an den Rothbach zwischen Eppenich, Langendorf und Sintzenich verbreitet und wahrscheinlich überall die Erstere bedeckt. Oestlich des Rothbaches und nur unterbrochen durch denselben, erstreckt sich das Braunkohlengebirge, dem Rande der älteren Formationen folgend, über Schwerfen, Viernich, Firmenich, Wisskirch, Billig und Rheder an die Erft und es sind in denselben Kohlen bekannt bei Viernich, Firmenich, Ober-Gartzheim, Wisskirch und Augenbruch bei Billig. Am ersteren Orte baut die Abelsgrube unter 50 Fuss Kies und Sand des Diluvium, 10—11 Fuss Triebsand, 44—46 Fuss Thon und Sand und 2 Fuss Thon auf einem 12—14 Fuss mächtigen Flötze, das wiederum Thon zum Liegenden hat und aus gemeiner fester Braunkohle besteht, deren untere Lage fast nur aus Lignit mit ganzen, horizontal liegenden Baumstämmen zusammengesetzt ist. Ebenso findet Kohlenge-

[1] Karsten's Archiv. Band 6. 1833. S. 513.

winnung auf der Grube Clemafin südlich von Euskirchen statt und es ist hier das Vorkommen von Bastkohle von Interesse.

Sich anschliessend an die Ablagerungen des grossen Tertiärbeckens, aber mit demselben nicht mehr im unmittelbaren Zusammenhange stehend, kommen einzelne Bildungen der Tertiärgruppe in isolirten Mulden auf dem älteren Gebirge vor. So findet sich eine Thonablagerung zu beiden Seiten der Strasse von Aachen nach Eupen, auf der Thonhaide, mit dünnen Lagen von erdiger Braunkohle und ihr Thon wird bei Heide und Wesselbend für die Töpfereien zu Raaren gewonnen.

Eine andere isolirte Thonmulde im Eifelkalkstein findet sich auf der Grube Breinigerberg bei Breinig, sie ist 67 Ruthen lang, 17 Ruthen breit, bis 200 Fuss tief und mit plastischem Thon, kleinen weissen Quarzgeschieben und weissem Quarzsande erfüllt; es finden sich noch ähnliche Sandablagerungen auf dem Kohlenkalke bei Busbach und auf dem Kohlengebirge an der linken Seite des Vichtbaches in der Nähe von Stolberg.

Ein bisher isolirtes und sich den Ablagerungen bei Myhl und Wassenberg näherndes Vorkommen eines tertiären Sandsteines und Conglomerates findet sich im Roerthale unterhalb Jülich und oberhalb Linnich in Ruhrdorf, wo grosse Bruchstücke mächtiger Conglomeratschichten, bestehend aus wasserhellem und rothem Quarze mit einzelnen Hornsteingeschieben nahe an der Oberfläche liegen und auch dort wohl anstehen, da sie keinen weiten Transport erlitten zu haben scheinen.

Eine andere isolirte Tertiärmulde, welche aber noch der Dürener Bucht angehört, liegt südlich von Billig und Rheder zwischen Arloff an der oberen Erft und dem Veilbache, der über Wisskirch nach Euskirchen fliesst. Diese zwischen der devonischen Grauwacke und dem Kalkstein von Iversheim liegende flache Mulde zeigt an der Oberfläche, unter dem Diluvium, weissen Quarz mit Geröllen und am Wege von Calcar nach Wachendorf kommt darin Quarzit vor wie im Siebengebirge und an anderen Orten. Bei Haus Zievel am westlichen Theil der Mulde liegt unter 30 Fuss weissem Sande $5\frac{1}{2}$ Fuss plastischer Thon und darunter wieder weisser Sand, während nördlich von Antweiler 21 Fuss weisser Sand, 10 Fuss weisser Thon, 5 Fuss Sand mit Quarzgeröllen und $36\frac{3}{4}$ Fuss grauer plastischer Thon vorkommen. Hieran schliesst sich eine andere kleine Ablagerung auf dem Devon, westlich von Weingarten, welche aus Quarzgeschieben mit Braunkohlenstücken besteht.

Die Bonner Bucht schliesst sich an der Erft westlich an die Dürener Bucht an, doch sind an ihrem Rande längs der devonischen Grauwacke über Nieder-Castenholz, Schweinheim, Rheinbach, Ippendorf, Ersdorf, Gelsdorf, Vettelhoven, Ringen bis an das Ahrthal in den Tertiärablagerungen Braunkohlen bisher nicht aufgefunden worden. Wohl aber finden sich graue und bunte Thone, welche unmittelbar der Grauwacke auflagern und aus der Zersetzung und Schlämmung derselben hervorgegangen sind, längs dieser Grenze in grosser Verbreitung. So kommen bunte Thone in vielen Wasserrissen bei Nieder-Castenholz und Flamersheim, im Thale des Steinbaches bei Schweinheim und Ringsheim und längs des Nordrandes des Flamersheimer Waldes bis in die Gegend südlich und westlich von Rheinbach vor. Die bunten meist weiss, roth und gelb gefleckten und geflammten Thone bilden den unmittelbaren Uebergang aus der Grauwacke und enthalten oft noch Bruchstücke derselben, sowie Eisensteine der sogenannten Hunsrücker Formation, die gleichfalls aus dem Devon stammen, eingeschlossen. Sie werden nach der Mitte der Bucht zu überlagert von weissen und grauen plastischen Thonen, die eine bedeutende Mächtigkeit haben und in den Brunnen der Stadt Rheinbach über 70 Fuss erreichen. Weiter westlich bei Wormersdorf treten dieselben Thone zu Tage und es findet auf ihnen eine bedeutende Gewinnung zur Ziegelei und Töpferei statt, während näher am Rande des älteren Gebirges bei Altendorf und Ersdorf wieder die bunten liegenden Thone mit Eisensteinen vorkommen, die namentlich bei Ersdorf in bedeutender Menge gefördert worden sind.

Weiter westlich findet sich dann wieder der graue plastische Thon bei Vettelhoven am Schwistbache und bei Ringen im Thale des Ringener Baches und wird hier zur Verarbeitung gewonnen.

Braunkohlen treten in dieser Gegend erst wieder nordöstlich von Ringen im Hangenden des plastischen Thones bei Leimersdorf auf, wo sie in der Grube Bartholomäus gewonnen wurden. Das Flötz von 7—9 Fuss Mächtigkeit liegt auf dem schwarzgrauen Thone und hat auch 2 Fuss Thon im Hangenden, darüber grauen thonigen Sand, gelben und weissen Triebsand, und endlich die Schichten des Diluvium, bestehend aus Geröllen und Lehm. Die Braunkohle ist erdig, schliesst aber häufig Lignit ein, der in der Varietät der mineralischen Holzkohle vorkommt, z. Th. aber auch zu Holzopal verkieselt ist.

Am Wege von Leimersdorf nördlich nach Pissenheim findet sich in 3 Fuss Tiefe ein Lager von Brauneisenstein von $2^1/_2$ Fuss Dicke, welches aus zersetztem Sphärosiderit hervorgegangen ist und näher bei Pissenheim kommen Nieren desselben im gelben Thon 5 Fuss unter der Oberfläche vor, ebenso weiter nördlich zwischen Berkum und Odenhausen.

Oestlich von Pissenheim bei Oedingen und sich nördlich nach

dem Hofe Schiessgrub erstreckend, kommt ein Lager von Blätterkohle vor, welches zwar nicht als Brennmaterial, aber zur Darstellung von Paraffin und Mineralöl verwendbar ist. Unter dem Obergebirge von 7—17 Fuss thonigem Lehm liegt das Kohlenflötz mit 12—15 Fuss Mächtigkeit auf blauem und blaugrauem Thon, und es ist unter demselben noch ein zweites, nur 2 Fuss dickes Flötz bekannt. Ein ähnliches Lager von Blätterkohle liegt weiter nördlich bei Liessem, ganz in der Nähe des Dorfes, wo es beim Brunnengraben entdeckt wurde. Nach den darauf angestellten Versuchen hat es unter 10—39 Fuss Obergebirge eine wechselnde Mächtigkeit von 12—52 Fuss und schliesst sehr viele Streifen eines tripelartigen Infusorientuffes ein, welcher nach Ehrenberg's Untersuchungen wesentlich aus *Cocconema Leptocerus, C. lanceolatum, Fragilaria Gallionella, Gallionella varians, G. undulata, Gomphonema gracile, G. longicolle, Himantidium Arcus, Pinnularia aequalis* und *P. rhenana* besteht, welche sämmtlich dem süssen Wasser angehören. Von kieselschaligen Phytolitarien fand Ehrenberg *Amphidiscus armatus, Spongiolithes acicularis, Sp. aspera, Sp. inflexa* und *Sp. mesogongyla*. Auch kommen in der Blätterkohle zahlreiche Abdrücke von Blättern und Früchte von *Inglans rostrata* in breitgedrückten Exemplaren vor. Die Ersteren gehören folgenden Arten an: *Cyperus Chavannesi, Sparganium Brannii, Libocedrus salicornoides, Glyptostrobus europaeus, Cupressites Brongniarti, Cupressinoxylum durum, C. uniradiatum, Piceites geanthuris, P. Thomasianus, P. protolaris, P. ponderosus, Stemonia Ungeri, Betula Brongniarti, Carpinus grandis, C. grandis var. elliptica, Celtis rhenana, Ficus tiliaefolia, Dipterospermum bignonioides, Sapotacites minor, Diospyros Myosotis, Acer cyclaspermum*. Am Wege von Liessem nach Mehlem und bei Nieder-Bachem findet sich abermals Eisenstein, hier in Nieren auf feinem weissen Sande, dort 3 Fuss unter der Oberfläche in einem 1¼ Fuss mächtigen Lager.

Hieran schliesst sich nach Süden am Nordabhange des Roderberges feuerfester Thon mit verwittertem Grauwackensandstein, der offenbar aus ihm hervorgegangen ist, wie nördlich die Thone zu beiden Seiten des Lannesdorfer Baches, wo eine berühmte Gewinnung in vielen Gruben stattfindet, und zwar auf der Südseite am Cäcilienheidchen und nördlich auf dem Pützfelde. Er liegt auf einem horizontal geschichteten Sandsteine, ist unten sehr weiss, aber mager, darüber liegt fetter Thon mit eirunden Quarzgeröllen, dann ein weisser fetter Thon und endlich Reste eines oberen tertiären Sandsteines, der zum grössten Theile zerstört ist und in ein Quarzconglomerat übergeht, das Streifen von Braunkohle und Abdrücke von Holzstücken, Aesten und Stämmen enthält. Der Sandstein ist feinkörnig, fest und in Quarzit übergehend und wird in den höher nach dem Lühusberge zu gelegenen Gruben 8—10 Fuss mächtig. Im Walde südwestlich von Lannesdorf steht sehr fester Sandstein, 20 Fuss mächtig an und wird von Thon bedeckt, in dem lose Blöcke eines ähnlichen Gesteines vorkommen. Hiermit im Zusammenhange steht das Vorkommen loser Quarzitblöcke auf dem westlichen Hange des Klosterberges bei Muffendorf am Wege nach Marienforst und ist dasselbe näher von Weber und Rolle untersucht worden. Das Gestein ist überwiegend thoniger Hornstein, doch nicht selten mit Lagen von weissem, blauem, grauem, braunem und schwarzem Jaspopal und ist ganz erfüllt von Pflanzenabdrücken; es ist ausgezeichnet durch die darin eingeschlossenen Versteinerungen, wie *Cypris angusta, Litorinella acuta, Lymnaeus cornens, L. subpalustris, Planorbis rotundatus, Pl. corun, Pl. declivis* und *Paludina elongata*, die sämmtlich dem Süsswasser angehören. Von Pflanzenresten waren nur erkennbar Wurzeln und Stengel von *Juncaceen, Gramineen, Cunneen, Equisetaceen* und *Nymphaea Arethusae* Brong., dann Früchte von Nymphaeen und von Leguminosen, wie sie auch im Wiesbadener Litorinellenkalk vorkommen. Diese hornsteinartigen Sandsteine erinnern an das Vorkommen im Nirmer Tunnel bei Aachen und finden ein Aequivalent im Siebengebirge.

In der Nähe kommt ein mächtiges Trachytconglomerat am Klosterberge von Muffendorf unter Löss vor und enthält grosse Trachitblöcke von der Art des Gesteines des Drachenfelsens und der Hohenburg bei Berkum, während es bei Liessem die Unterlage der Blätterkohle bildet und auch bei Niederbachem und Gimmersdorf sich wiederfindet. Südlich der Ahr tritt noch eine isolirte Partie des Braunkohlengebirges, südlich von Sinzig bei Coisdorf auf, wo in der alten Grube Gerechtigkeit unter 3 Fuss Dammerde, 10 Fuss Thon, 10 Fuss Braunkohle, 1½ Fuss Thon, 4½ Fuss Braunkohle vorkommen, die noch 19 Fuss Thon zum Liegenden haben; sie bildet den Ueberrest einer früher weiter verbreiteten Formation, von der sich auch noch einzelne Theile auf der rechten Rheinseite erhalten haben, wie bei Rönigerhof östlich von Linz, Ober-Erl am Minderberge und Orsberg bei Erpel. Auf der Grube Vereinigung bei Orsberg kommen drei Lager von Blätterkohle vor, die h. 8 streichen und nach N.O. fallen, von denen das untere 3—4 Fuss mächtig ist. Die Ablagerung besteht aus schiefrigem Thon mit den drei Braunkohlenflötzen, unter denen noch ein Sphärosiderit- und Thoneisensteinflötz über grünlichgrauem, schiefrigen Thone liegt. Die Schichten liegen S. von Orsberg unmittelbar auf der Grauwacke und keilen sich gegen N.O. aus. Auf dem Wege von Orsberg nach Erpel steht ein weisser und gelber Sandstein und sandiger Thon mit Braunkohlenstreifen an, ebenso mit grauem, weissem und gelbem Thone im Erpeler und Vilzelter Seifen. Die Blätterkohlen von Orsberg sind reich an Pflanzenabdrücken und Nöggerath erwähnt aus denselben schon in den mineralogischen Studien am Niederrhein 1808, Blätter von *Lycopodium clavatum, Salix alba, cinerea, acumi-*

nata, Mespilus germanica, Betula alnus, Fagus sylvatica und Saamen von *Ervum hirsutum* und *tetraspermum*.

Bei Ober-Erl am Südhange des Minderberges findet sich auf Grube Stösschen ein 6-16 Fuss mächtiges Lager von reiner Blätterkohle, darunter 2 Fuss Thon mit bituminösem Holz und noch ein Flötz von reiner Blätterkohle, welches nur selten bis 5 Fuss Mächtigkeit erreicht und sich durch seinen grossen Reichthum thierischer Reste, als Fischen, Fröschen, Salamandern und Insekten auszeichnet, wie *Triton noachicus, Salamandra ogygia, Rana diluviana* und Froschlarven. Ueber dem oberen Flötze und unter dem zweiten finden sich Bänke von Sphärosiderit, die früher gewonnen wurden. Auch kommen viele Blätter und Früchte von *Salix, Cornus, Acer, Robinia* u. A. in der Blätterkohle vor und Stösschen wie Orsberg gehören zu den berühmtesten Fundpunkten für die niederrheinische Tertiärflora. Endlich ist auch am Waschberg bei Rönigerhof ein Flötz von Blätterkohle mit bituminösem Holz und Thon vorgekommen.

Das nächste tertiäre Vorkommen liegt nördlich hiervon bei Königswinter im Siebengebirge im Bereiche des Trachytconglomerates. Westlich des Drachenfels bei dem Burghofe, auf Devonschichten auflagernd findet sich das nördlich und östlich auf der grossen Trachytmasse des Siebengebirges so weit verbreitete Trachytconglomerat und unter demselben tritt ein feinkörniger Braunkohlensandstein und darüber bläulich weisser Thon hervor, die aber hier keine grosse Verbreitung zu haben, oder wenigstens fast ganz vom Trachytconglomerate verdeckt zu sein scheinen.

Weiter nördlich im Thale des Mittelbaches ist ein höchst interessantes Vorkommen von tertiärem Sandstein mit Thon, unter der Bedeckung desselben Trachytconglomerates nahe oberhalb des Wintermühlenhofes am Quegstein und der Pferdswiese, sowie weiter östlich am Fusse der kleinen Rosenau aufgeschlossen. Dieser Sandstein ist am Quegstein sehr feinkörnig und besteht aus wasserhellen Quarzkörnern mit einem quarzigen Bindemittel und sind dieselben oft so in einander verflösst, dass daraus ein splittriger Hornstein oder Quarzit, ähnlich wie am Klosterberge bei Muffendorf, entsteht, der von weisser, grüner, brauner Farbe, theils wie in der Schlucht zwischen der kleinen Rosenau und dem Nonnenstromberg, gelb und grau geflammt erscheint und eine sehr grosse Härte besitzt. An andern Stellen verliert sich das Bindemittel und es entsteht loser Sand, auch lässt sich am Quegstein ein vollständiger Uebergang in einen weissen und grauen Thon nachweisen. Im Sandsteine treten Geschiebe von Quarz und Hornstein von bläulichgrauer, grauer, milchweisser, seltener rauchgrauer, schwärzlicher oder bräunlichgrauer Farbe auf, die z. Th. ein wirkliches Kiesel-Conglomerat bilden und meist massig, aber auch mit bemerkbarer Schichtung mit den Sandsteinen verlaufen. Am

Dänzchen südlich vom Quegstein ist der Sandstein senkrecht zerklüftet. Dieses Vorkommen zeichnet sich durch die grosse Masse seiner vegetabilischen Einschlüsse aus und enthält oft fussgrosse Stücke von verkieseltem Holz oder Holzopal, mit Ueberzügen von milchweissem Chalcedon in den Höhlungen, was schon 1808 von Nöggerath beschrieben wurde, und in einigen dünnen Lagen ist das Gestein wie mit Blattabdrücken von gelblicher Farbe durchwebt. Dieselben sind eine berühmte Fundstätte für die Tertiärflora des Niederrheins und haben zu den ausgezeichneten Arbeiten von Weber und Wessel reichliches Material geliefert. Der Sandstein am Quegstein liegt auf Thon und dieser scheint das älteste Glied der Tertiärgruppe in dieser Gegend zu sein. Weiter aufwärts im Mittelbachthale gegenüber der Ofenkuhle tritt noch eine kleine Parthie von Braunkohlensandstein unter der Bedeckung des Trachytconglomerates hervor. Getrennt von diesem Vorkommen durch den Bergrücken des Nonnenstrom- und Petersberges, tritt nördlich eine grössere Tertiärablagerung mit Eisensteinen auf, die in der Grube Sophia in Tagebauen gewonnen wurden. Es finden sich feinkörnige, schiefrige, gelbe und bräunliche, dann massige in Hornstein übergehende Sandsteine und loser Sand wie am Wintermühlenhofe, z. Th. mit Blätterabdrücken, am Allrott, am nördlichen Abhange des Petersberges, östlich vom Falkenberge oberhalb des Finkenseifens und des Brückenseifens. Sie liegen hier auf graublauem Thon mit Nieren und Knollen von Sphärosiderit, der sich bis an den Weg von Oberdollendorf nach Heisterbach und bis zum Altenbach hinzieht. Der Thon findet sich ebenfalls in Schächten zwischen dem Falkenberge und Petersberge und liegt auf feinem weissen Sande, auch kommt er westlich bei der Abtei Heisterbach vor.

Weiter nördlich, am westlichen und nordwestlichen Abhange der basaltischen Dollendorfer Hardt, treten über Devonschichten weissgraue, quarzige Sandsteine der Tertiärformation auf und im Thale bei Römlinghoven am Finnchen kommt Thon mit 3 schmalen Braunkohlenstreifen von ½ Fuss Mächtigkeit vor und enthält 2—3 Zoll lange Gypskrystalle und Knollen von Schwefelkieskrystallen. Wie sich der Thon zu dem nördlich anliegenden Trachytconglomerate verhält, ist nicht näher ermittelt, wahrscheinlich ist er jünger.

Isolirte Parthien von tertiärem Sandsteine finden sich noch gelblich, mit eisenschüssigen Streifen an der Rodderhardt, gelb und locker bei Freckwinkel und am Pfannenschoppen feinschiefrige schwarze Hornsteine mit Abdrücken von Blättern und verkieseltem Holz, Kiesel-Conglomerat mit sehr festem kieseligen Bindemittel und Blätterkohle mit leicht zerreiblichem Kieseltuff, der noch erkennbare Reste von Infusorienschalen enthält. Endlich bei Dürresbach kommt feinkörniger weissgelber und gelbbrauner Sandstein mit vielen Blattabdrücken, gelbbrauner geflammter

Hornstein, hellgrauer Sandstein mit krystallinischem, kalkigen Bindemittel und Kiesel-Conglomerat von lockerem Zusammenhange vor.

Die hier beschriebenen Tertiärschichten des Siebengebirges stehen in den engsten Beziehungen zu den Trachyten, Basalten und Trachytconglomeraten, welche dieses Gebirge wesentlich zusammensetzen, daher diese eigentlich in die Darstellung zu ziehen wären. Es kann davon hier aber um so mehr Umgang genommen werden, als diese Gebirgsarten und ihr Verhalten unter sich und zum Braunkohlengebirge von v. Dechen und v. Rath[1]) auf das Ausführlichste beschrieben worden sind und hier nur darauf zu verweisen ist.

Es möge allein angeführt werden, dass das Braunkohlengebirge jünger ist, als die Trachyte; dass die Trachyt- und Basalt-Conglomerate, die geognostisch nicht von einander zu trennen sind, jünger, als die älteren Tertiärschichten, wie die Quarzite, Hornsteine und Sandsteine, aber älter als die Braunkohlenbildungen sind, und dass sie bei der Bildung der tertiären jüngeren Braunkohlenthone mit Sphärosiderit eine wesentliche Rolle gespielt haben. Die Basalte endlich sind zum Theil jünger als die Braunkohle, zum Theil aber älter, wie das Vorkommen von Basalt- und Trachyt-Conglomeraten unter derselben beweist, wovon noch bei der Beschreibung gewisser Braunkohlenablagerungen die Rede sein wird, die der Bucht von Siegburg, die sich hier an die Bonner Bucht anschliesst, angehören.

Der nordöstliche Theil des niederrheinischen Beckens wird durch die Düsseldorfer Bucht, zwischen Duisburg und Benrath gebildet und von Tertiärschichten eingenommen, welche jünger sind, als das so weit verbreitete Vorkommen des Braunkohlen führenden Gebirges und sich eng anschliessen an die weiter nördlich, am Westrande des Münster'schen Kreidebeckens abgelagerten Miocänschichten von Dingden, Bocholt, Barlo, Gyffel bis in die Gegend von Vreden hin. Diese Schichten sind nach den fossilen Einschlüssen entschieden marinen Ursprunges und bestehen aus Thonen und Sand oder Sandsteinen, die oft Eisenstein führend sind. Nach v. Könen sind die Tertiärbildungen der Düsseldorfer Bucht oberoligocän, während sie Beyrich für jünger hält und dem Holsteiner Miocängestein als äquivalent annimmt. Es sind dieses die unter dem Namen Thon von Ratingen, Sandstein von Grafenberg und Sand

---

1) v. Dechen, Geognost. Führer in das Siebengebirge, S. 50—264.

von **Süchteln** charakterisirten Ablagerungen, welche sich an dem Rande des älteren Gebirges, das hier aus Lenneschiefer, devonischem Kalkstein, dem älteren Kohlengebirge und zum Theil der Kreide besteht, in einer nicht sehr tiefen Meeresbucht niederschlugen. In ihrer Zusammensetzung weisen diese Schichten darauf hin, dass ihr Material aus dem angrenzenden älteren Gebirge herstammt, wie sich das auch schon an den übrigen Küsten des niederrheinischen Tertiärbeckens deutlich wahrnehmen liess.

Das unterste Glied dieser Miocänbildung besteht aus Thonen, die sich nördlich von **Lintorf** über **Cromford** und **Ratingen** längs dem Westabhange des älteren Gebirges erstrecken und auch weiter südlich in einer tief nach Osten einschneidenden Tertiärbucht zwischen **Erkrath** und **Vohwinkel** wieder auftreten.

Nördlich von **Lintorf** liegen auf dem Kohlen-Kalkstein und Culm bläulich-graue Thone von 8–10 Fuss Mächtigkeit, welche kalkige Concretionen und vereinzelte Gypskrystalle einschliessen, unter einer Bedeckung von Gerölle des Diluvium. Auch beim **Druster** Kalkofen treten sie wieder 4–8 Fuss mächtig von grünlicher und bräunlich-grauer Farbe mit dichten, gelblich-weissen Septarien auf. Südöstlich von **Lintorf** ist der Miocänthon an dem Abhange des Rheinthales weit verbreitet und wird an vielen Stellen zur Ziegelei benutzt; er ist meist braun oder grau, doch ausserordentlich arm an Petrefakten.

Bei **Cromford** ist der Thon sehr gut in den grossen Kalksteinbrüchen aufgeschlossen, wo er unmittelbar den Kohlenkalkstein bedeckt; er ist hier etwa 5 Fuss mächtig von grünlich-grauer und schwärzlicher Farbe und schliesst zahlreiche Glaukonitkörner und marine Versteinerungen ein und findet sich auf der Südseite des Steinbruches bei **Eggerscheid** unter einer 2 Fuss mächtigen Bedeckung feinen grünen Tertiärsandes wieder. Diesem Thone sehr ähnlich ist derjenige, welcher den Devonkalkstein nördlich vom **Hubbelrath** bedeckt; er ist grünlich-grau oder schwärzlich und vom aufliegenden Diluvialsande durch eine dünne Schicht von grünlichen Thonmieren mit schwarzen Kieselschiefergeschieben getrennt. Auch der graue, Eisenstein führende Thon bei **Freitag** an der Strasse von **Ratingen** nach **Wülfrath** muss hierher gerechnet werden.

Die grösste Verbreitung gewinnt der Miocänthon südlich des Städtchens **Ratingen**, wo er massenhaft für die Töpferei und Ziegelei in offenen Gruben und Schächten gewonnen wird. Er ist hier meist dunkelgrau von Farbe und enthält zahlreiche Septarien von dichtem Kalkstein, sowie in Menge Dentalien, die von den Arbeitern Cigarrenspitzen genannt werden. Dieser Thon dehnt sich westlich über **Brill**, **Görschenhof** bis **Freystein**, **Ekkamp**, **Gross-Rahm**, bis an die **Düsseldorf-Ratinger** Strasse, und südlich bis gegen den **Schwarzbach** hin aus, hat aber wahrscheinlich unter der Diluvialbedeckung eine noch sehr viel grössere Verbereitung, als sich durch die bis jetzt bekannten Gewinnungspunkte nachweisen lässt.

Südlich von den beschriebenen Vorkommen tritt endlich eine Thonablagerung in einer langen, schmalen Bucht zwischen Hochdahl und Vohwinkel auf; dieselbe zeichnet sich durch ein besonders mächtiges Auftreten von Brauneisenstein in ihr aus, und wurde dadurch die erste Veranlassung zur Gründung des bedeutenden Eisenwerkes Eintracht bei Hochdahl. Gegen Westen zu verschwindet diese eisenreiche Thonformation unter dem weissen Sande zwischen Erkrath und Hochdahl, der seinerseits mit dem miocänen Sandsteine von Rodeberg, an den Torfmooren des Rheinthales, in engstem Zusammenhange steht, während andererseits an ihrem östlichen Ende bei Vohwinkel in 150 Fuss Tiefe von Tage, ein bis 80 Fuss mächtiges Braunkohlenlager erbohrt und dadurch hier unter derselben das Vorhandensein einer älteren, dem Mitteloligocän angehörigen, Tertiärablagerung nachgewiesen wurde, welche wohl hier als ein isolirtes Vorkommen anzusehen ist. Durch das bedeutende Eisenstein-Vorkommen erhält der Thon ein besonderes Interesse; er erfüllt eine über ¾ Meilen lange schmale Mulde, die sich bis Gratenbeck östlich von Vohwinkel erstreckt und an ihrem Südrande durch den Lenneschiefer des Haanhorner Holzes, am Nordrande durch den oberdevonischen Schiefer des Osterholzes begränzt wird und zum grossen Theile auf dem Elberfelder Kalkstein aufruht. Diese Mulde erreicht ihre grösste Breite von etwa 300 Ruthen zwischen Quallerheide und zur Mühle und verengt sich östlich von Vohwinkel bis auf 70 Ruthen, während ihre grösste Tiefe zwischen Tückmantel und Linden auf 120—130 Fuss geschätzt wird. Der das ältere Gebirge bedeckende Thon ist der Unterlage, wo diese eine regelmässige Auflagerung gestattet, wie die Schiefer im westlichen Theile der Grube Bestand, conform aufgelagert oder er füllt unregelmässige Vertiefungen und Trichter im Elberfelder Kalksteine aus und bildet so mehr oder weniger grosse Nester; er ist weiss, gelb-grau, braun und schwärzlich-grau, und geht nicht selten durch Aufnahme von Sand in Letten über. Er enthält den Brauneisenstein theils in regelmässigen Lagern von 6—13 Fuss Mächtigkeit, theils in Nestern von 5—40 Ruthen Durchmesser und bis über 30 Fuss Mächtigkeit. Dieser ist aus einem Aggregate von grösseren und kleineren sphäroidalen oder ellipsoïdischen Knollen, von der Grösse eines Kopfes bis zu der eines Hirsekornes zusammengesetzt und durch Letten verbunden, und ist theils dicht, theils erdig und ockrig nur selten von faseriger Glaskopfstruktur. Der Eisenstein zeichnet sich durch besondere Reinheit aus und enthält nur wenig Quarz und Kieselthon. Ueber dem Eisensteine liegt gewöhnlich gelber Thon, der von eisenschüssigem nach oben hin weiss werdenden Sande und von Lehm des Diluvium bedeckt wird, so dass die Gesammtmächtigkeit des Deckgebirges, wie gegenüber Linden, 40—55 Fuss erreichen kann. Die in dieser Mulde auftretenden Eisensteine scheinen auf secundärer Lagerstätte zu liegen und ebenso wie die Thone, denen sie eingebettet sind, aus einer Zersetzung und Schlämmung des angrenzenden Lenne-Thonschiefers hervorgegangen zu sein.

Der den Thon bedeckende Tertiärsand verbreitet sich zum Theil auch über das ältere Gebirge, z. B. östlich von Vohwinkel bei Göbel und nördlich von Somborn auf dem vom Eskesberge nach Grotenbeck sich erstreckenden Zuge des Elberfelder Kalksteins, wo er, ähnlich wie bei dem Kalksteine in der Nähe von Stolberg, Spalten mit trichterförmigen Erweiterungen erfüllt und zum Theile so rein ist, dass er zur Glasfabrikation benutzt werden kann. Westlich tritt er wieder auf zwischen Vohwinkel und Krutscheid an der Eisenbahn und enthält noch weiter Gerölle von Feuerstein, Schwimmstein und Hornstein bis Taubeneigrösse in Streifen abgelagert, sowie an einem anderen Punkte der Eisenbahn eine graue, staubartige, thonige Masse mit vielen Braunkohlenbrocken. Von Hochdahl erstreckt sich der meist weisse Sand nach Erkrath, wo grosse Gewinnungen desselben stattfinden und nach Unterbach bis gegen das Rheinthal hin, wo er in den Abhängen längs den Torfmooren bei Merzveen, Fetteerde, Vennhausen und Rodeberg bis zur Knubbelsbrücke über den Düsselbach, sehr gut aufgeschlossen ist. Am unteren Theile des Gehänges tritt gelber und weisser Sand streifenweise wechsellagernd auf und enthält bei Rodeberg dünne Bänke eines losen, gelben und gelblich-braunen Sandsteines mit zahlreichen marinen Versteinerungen. Die Schichten des Sandes liegen fast horizontal, schwach wellenförmig, unter der Bedeckung des Diluviums auf den Höhen, während sie an den Thalrändern zu Tage treten. So ist er an dem vorspringenden Abhange des Rodeberg an der Knubbelsbrücke bis zu 50 Fuss Höhe aufgeschlossen, wechselt von weiss durch gelb in dunkelokergelb und enthält feste, eisenschüssige Sandsteinbänke, welche bis zu 1½ Fuss Dicke aus der verwitternden steilen Wand des Abhanges hervorstehen. In ganz gleicher Weise steht der Sand auf der rechten Seite des Düsselthales an und erstreckt sich über Haus Morp bis Henscheshof, wo er am Hohlwege nach Kottenhofen, sowie unterhalb dieses Ortes im Thale und bei Müdinghofen gleichfalls mit Bänken von schaaligem Eisensandstein und zahlreichen Versteinerungen auftritt. Sehr ausgezeichnet findet er sich wieder im breiten Thale bei Gerresheim und zieht sich über Kaisersburg, Gross-Forst nach Tientenberg, östlich von Haus Roland. Westlich von Gerresheim erhebt sich der Abhang bis zum Grafenberge am Rheinthale und der Düsseldorf-Ratinger Strasse bei Aaperkothen und Weingarz und verflacht sich bis an die linke Seite des Schwarzbaches, wo er sich bis Bauenhaus und Schürberg verfolgen lässt. Endlich findet er sich nördlich vom Schwarzbach wieder, östlich von Brill und Görschenhof, und erstreckt sich bis an die Strasse von Ratingen über Homberg nach Wülfrath, wo er auf dem Thone von Ratingen auflagert, sich also als eine Bildung, jünger als dieser, zu erkennen giebt. Die Ausdehnung dieser Sandformation von Unterbach bis in die Nähe von Ratingen beträgt 1²/₅ Meilen und die aufgeschlossene Breite zwischen dem Grafenberge und Kottenhofen ³/₄ M. Die Bänke des Eisensandsteines am Grafenberge entwickeln sich oft zu sandigen Thoneisenflötzen, welche fast ganz aus Resten von Conchylien gebildet zu sein scheinen, und dann sehr an die Sternberger Kuchen zwischen Elbe und Oder erinnern, aber jünger als diese sind. Die Versteinerungen haben selten die Schale erhalten und zeigen nur Abdrücke der Aussenseite oder Steinkerne. Als die vorzüglichsten von hier bestimmten Petrefakten sind anzuführen: *Pecten decemplicatus* Münst., *P. multisulcatus* Bronn., *Isocardia cor.* Lam., *Cyprina aequalis* Br., *Cytherea suberycinoides* Desh., *Panopaea intermedia* Sow., *Solen ensis Var. min.* Lam., *Pyrula reticulata* Lam., *Oliva Dufresnei* Bast., *Schizaster acuminatus* Ag. (*Spatangus acuminatus* Goldf.), welche diese Schichten entschieden als dem Miocän angehörig bestimmen. Endlich findet sich Tertiärsand noch einmal auf der rechten Rheinseite bei Eggerscheid und Wallhof südlich von Heiligenhaus theils auf tertiärem Thone, theils den Cramenzelschiefern auflagernd; er ist feinkörnig und meist schmutziggrün gefärbt und es scheinen Petrefakten in ihm nicht beobachtet zu sein.

Von grossem Interesse ist es, dass derselbe Miocänsand auch auf der linken Rheinseite und zwar 4¹/₄ Meilen westlich bei Süchteln vorkommt, wo er beim Abteufen von Brunnen als loser, ockergelber Sandstein, erfüllt mit marinen Versteinerungen, aufgefunden wurde.

Eine ältere, als die eben beschriebene, Tertiärformation ist in der Nähe von Crefeld und Neuss auf der linken Seite des Rheines und ihr analog sind ähnliche Vorkommen durch Bohrlöcher zu beiden Seiten des Rheines aufgeschlossen worden. Ein grüner glaukonitischer Sand kommt in grosser Verbreitung bei Crefeld und Neuss vor mit marinen Versteinerungen; er wird bei dem ersteren Orte unter dem Localnamen „Griesärd" in den Niepkuhlen gewonnen und liegt seiner Stellung nach höher als die Braunkohle. Er ist demnach nicht zu verwechseln mit einem anderen nicht marinen Grünsande, welcher sich, wie in der Nähe von Eschweiler und Aachen, auch in dieser Gegend unter der Braunkohle gefunden hat, also älter ist, als diese. Dass der grüne Sand mit zahlreichen Glaukonitkörnern in dem Gebiete des niederrheinischen Tertiärbeckens eine sehr grosse Verbreitung hat und verschiedenen Etagen der Tertiärformation angehören kann, ist nicht besonders merkwürdig, da das Material zu demselben aus derselben Quelle, nämlich der Kreide herstammt, die vordem einen grossen Theil dieses Terrains einnahm, während der Tertiärzeit aber bis auf die

Ränder an der Grenze des westfälischen Kreidebeckens, sowie die Gegend westlich von Aachen und einen kleinen Punkt am Südwestrande des Tertiärbeckens, bei Irnich in der Nähe von Zülpich, gänzlich zerstört und zur Bildung der Tertiärschichten verwendet zu sein scheint. Es finden sich daher in diesen Letzteren Knollen und Geschiebe von Feuersteinen sehr häufig und Glaukonitkörner enthaltende Grünsande im Miocän wie bei Eggerscheid und Wallhof, im Oberoligocän wie bei Crefeld, Neuss, Mörs und Xanten mit marinen Muscheln, endlich in gewissen Meeresbildungen unter der Braunkohle im Mitteloligocän. Kreideschichten, welche besonders reich an Glaukonit waren und das Material zu den tertiären Grünsanden liefern konnten, waren im Osten des niederrheinischen Beckens besonders die mächtigen Grünsandlager des Pläner wie bei Oberhausen und der Essener Grünsand oder Tourtia in der Gegend von Essen, Frohnhausen u. s. w., dagegen im Westen die mächtigen Grünsandlager des Unter-Senon, wie im Aachener Stadtwalde und die grünen Kreidemergel der Aachener Gegend.

Der marine Oligocänsand der Gegend von Crefeld wurde zuerst von Nauck[1] nachgewiesen beim Brunnenmachen zu Haus Brenten bei Kaldenhausen, wo derselbe unter 60 Fuss Obergebirge, bestehend aus Quarz, vielen schwarzen Glimmerblättchen, Körnern von Magneteisen und mit zahlreichen, wohlerhaltenen Petrefakten gefunden wurde. Derselbe findet sich wieder bei Neuss unter dem Diluvium und wurde gleichfalls beim Brunnenbohren zu Leyenburg bei Bloemersheim zwischen Mörs und Aldekerk nachgewiesen. Endlich wurde er in einer grossen Zahl von Bohrlöchern durchteuft, die in den Jahren 1855 bis 60 auf Steinkohlen getrieben worden sind. Der Oligocänsand wechselt in diesen Bohrlöchern vielfach mit sandigen und plastischen Thonen ab, doch fanden sich die Petrefakten meist in dem grünen Sande. Diese Schichten wurden auf der linken Rheinseite angetroffen bei Rheinhausen, nördlich des Weges nach Atrop in 80 Fuss unter Tage, bei Werthausen in 77 Fuss, auf der Werthauser Warth in 67 Fuss, bei Westrum in 70 Fuss, bei Asterlagen am Wege von Bergheim nach Essenberg in 79, bei Homberg in 60 und 65, bei Baerl auf dem Gaert in 65, bei Budberg in 71, bei Xanten in 59, am Fünderich nördlich von Mörs in $56^1/_2$, bei Vluyn in 90, bei Lauersforth in 50 Fuss. Auf der rechten Rheinseite stehen dieselben Schichten an südlich von Grossenbaum in 76, nördlich davon in 74, zwischen Grossenbaum und Hackingen in der Muthung Ferdinand in $56^1/_2$, südlich von Duisburg in 56, westlich davon, nahe südlich bei Neukamp in 58 und 64, und nordöstlich von Duisburg in $86^1/_2$ Fuss.

---

[1] Zeitschr. d. deutsch. geolog. Ges. Bnd. 1. S. 19, Bnd. 7. S. 13.

Die Mächtigkeit der Oligocänablagerung ist sehr verschieden; in der Nähe des älteren Gebirges ist sie am Geringsten, nach der Mitte des Beckens zu vermehrt sie sich und beträgt z. B. zu Lauersforth bei dem Dorfe Capellen an der Strasse von Crefeld nach Mörs, wo das Tertiärgebirge dem flötzleeren Sandsteine der Kohlenformation aufgelagert ist, 528 Fuss. Nach den gemachten Aufschlüssen beträgt die Mächtigkeit nördlich von Grossenbaum $56^{1}/_{2}$, südlich von Grossenbaum $75^{2}/_{3}$, zwischen hier und Huckingen 91, nordöstlich von Duisburg $93^{1}/_{3}$, südlich davon $130^{1}/_{3}$, bei Rheinhausen gegenüber von Duisburg $136^{2}/_{3}$, bei Werthausen $133^{1}/_{2}$ und 187, bei Westrum über 156, bei Asterlagen bis auf das Kohlengebirge 280, westlich von Duisburg 233 und 298, bei Homberg 293, 450 und über 531, bei Baerl und Budberg über 540, bei Mörs 484, bei Lauersforth 528, bei Vluyn bis auf das Kohlengebirge 666, endlich bei Aldekerk über 600, bei Xanten über 681 und bei Alpen über 800 Fuss. Bei Homberg scheinen die Schichten auf einer partiellen Erhebung des Grundgebirges zu ruhen. Was die Zusammensetzung betrifft, so herrschen in der Nähe des älteren Gebirges Thone, die z. Th. sehr sandig sind, oder thonige Sande mit vielen Glaukonitkörnern vor, während nach der Mitte des Tertiärbeckens wie bei Crefeld, Lauersforth, Mörs, Vluyn, Rumeler Mühle, Budberg und Xanten, die grünen Sande fast ausschliesslich diese Oligocänbildung zusammensetzen. Was ihre Stellung zu den übrigen Abtheilungen des Tertiärgebirges betrifft, so hat schon Nauck sie als älter als das Miocän von Bocholt erkannt, und sie als Oberoligocän, parallel mit dem Sternberger Gesteine bestimmt.

Die bisher aufgefundene Fauna dieser Schichten ist bedeutend und die folgenden Arten wurden von Nauck und Beyrich nachgewiesen: *Flabellum striatum* Keferst., *Cyathina granulata, Cancellaria evulsa, C. multistriata, C. granulata, C. pusilla, Fusus rarus* Beyr., *F. scrobiculatus* Boll., *F. annexus* Beyr., *F. scabriculus, F. elegantulus* Phil., *F. Waelii* Nyst., *F. elongatus* Nyst., *Tritonium flandricum* Kon., *Murex Deshayesii* Nyst., *Tiphys pungens* Sokandr., *T. fistulosus* Broch., *T. cuniculosus* Nyst., *Pyrula concinna* Beyr., *Mitra Philippi* Beyr., *Terebra plicatula* Beyr., *Buccinum Bolli* Beyr., *B. pygmaeum* Schloth., *Cassis Rondeletii* Bast., *Cassidaria Buchii* Boll., *Aporrhais speciosa* Schloth., ferner Arten von *Ostrea* (*ventilabrum?*), *Cyprina, Corbula, Solen, Cardita, Astarte, Cardium, Nucula, Pecten, Dentalium* u. A.

Dem Oberoligocän angehörende Schichten treten ausser am Ost- und Nordrande des niederrheinischen Beckens im Westen desselben, nordwestlich von Aachen bei Hönsbrök auf und sind bei der Aachener Bucht beschrieben worden. Endlich müssen noch zur Düsseldorfer Bucht einige isolirte Vorkommen von Tertiärschichten gerechnet werden, die an der Grenze des Oberoligocän vorkommen, aber den Braunkohlen führenden mitteloligocänen Süsswasserbildungen angehören. Ein in der Rheinebene inselartig isolirtes Vorkommen von Braunkohlensandstein findet sich an der linken Rheinseite nahe bei der Abtei die Meer, an der Strasse von Heerdt nach Osterrath; er ragt an der SOseite der Abtei nur wenig über die Rheinebene hervor, ist von graulichweisser Farbe und sehr fest. Zahlreiche grosse Blöcke desselben, bis zwölf Fuss lang und bis 5 Fuss dick, liegen hier in einer Schicht zu Tage, auch sollen solche Blöcke im Rheinbette selbst bei niedrigem Wasserstande an der Büdericher Spitze gefunden werden.

Südöstlich hiervon ist eine grössere Sandsteininsel aus dem Alluvium des Rheinthales hervorragend bei dem Dorfe Liedberg zwischen den Flüssen Erft und Niers und erreicht eine Höhe von 110–120 Fuss über der angrenzenden Ebene. Hier findet sich unter dem Geröll- und Sandlager des Diluvium ein 3—4 Zoll mächtiges Braunkohlenflötz und unter ihm Sandsteinlagen, die mit 4—5° dem Abhange des Hügels conform einfallen und bis 20 Fuss mächtig sind. Die oberen Lagen von 8—10 Fuss bestehen aus einem lockeren Sandsteine von weisser Farbe mit oeckergelben oder rothen Streifen und werden von den Steinbrechern „fälscher Stein" genannt. Darunter folgt ein schmutzig gräulich weisser fester „Haustein", der verarbeitet wird, und unter ihm eine 4—5 Fuss mächtige Lage von Quarzit, „Klinkert" genannt, der als Chausséematerial verwendet wird und unter ihm folgt loser weisser Quarzsand, mehr als 10 Fuss mächtig, der gleichfalls als Streusand gewonnen wird. Interessant ist, dass durch diesen Sandstein bis in den Sand vertikale Klüfte durchsetzen, in denen von Bergmann und Nöggerath[1]) Knochen und Zähne von *Elephas primigenius* aufgefunden wurden. Eine dritte isolirte Tertiärkuppe ist der Hülserberg, welcher nördlich von Crefeld sich aus dem Kliedbruch erhebt. Hier findet sich an dem westlichen Abhange in geringer Tiefe unter der Oberfläche Thon und unter diesem zwischen 30—40 Fuss thonige erdige Braunkohle, deren Liegendes nicht näher untersucht ist, während die grosse Masse des Hülserberges, nach einem daselbst 90 Fuss tief getriebenen Bohrloche, aus wechselnden Lagen von Geröllen und Thon besteht.

Eine ausgedehntere Ablagerung des Braunkohlengebirges tritt südwestlich von hier, zwischen Gladbach und Viersen nahe dem südwestlichen Abhange des Nierstales zu Tage und wird auf beiden Seiten der Strasse durch Gruben bei Ompert und Helenabrunn (Lenebour der Generalstabskarte) aufgeschlossen. Es liegt hier unter dem Geröll ein 12—16 Fuss mächtiges Flötz von schwarzer, erdiger und thoniger Braunkohle, welche unter dem Namen „Klei" gewonnen und zur Mengung mit

---
1) Rheinl.-Westf. IV. S. 376 ff.

Steinkohlenklein verwendet wird. In der untersten Lage desselben findet sich eine 6 Zoll starke Schicht von Sphärosiderit mit Abdrücken von dicotyledonen Blättern, darunter 4 Fuss weisser Sand und über 12 Fuss grober schwarzer Sand.

Von grossem Interesse in dieser Gegend ist ein bei Helenabrunn 383 Fuss tief gestossenes Bohrloch, welches hier unter der Braunkohle das Vorhandensein von mächtigen tertiären Thon- und Sandschichten mit einer grünen, Glaukonit führenden Etage bis zu 300 Fuss Mächtigkeit, ähnlich wie in der Gegend von Eschweiler und Höngen bei Aachen, nachweist, unter welcher noch mächtige Lager von Geschieben, vorzugsweise aus Feuerstein bestehend, und aus dem an Ort und Stelle zerstörten Kreidegebirge herrührend, vorkommen. Es würde daher nicht zu verwundern sein, wenn in dieser Gegend noch ungestörte Kreidepartien angetroffen würden, wie dieses in der Gegend von Nievelstein bei Aachen unter dem weissen Braunkohlensande vielleicht der Fall ist. Nicht weit von dieser Tertiärablagerung findet sich südlich davon zwischen Gladbach und Waldhausen ein Vorkommen von tertiärem Sande, unter Diluvium und Geröllle, welches wahrscheinlich eine sehr viele grössere Verbreitung hat; es besteht zu oberst aus 10—12 Fuss weissem Sande mit Thonnieren, der gewonnen wird; ihm folgt gelber Sand, weisser Sand, gelber und rother Sand und ist das Liegende nicht weiter untersucht.

Anschliessend an dieses Vorkommen dürften die ausgedehnten Sandablagerungen zu betrachten sein, welche 3 Meilen südwestlich von Gladbach bei Myhl, Wassenberg, Birgelen und Dahlheim am östlichen Thalrande des Roerflusses auftreten und in zahlreichen Gruben aufgeschlossen sind. Sie bestehen aus einem feinen weissen Sande ohne Geschiebe und auf der rechten Seite der Strasse bei Wassenberg kommen darin weisse feinkörnige Sandsteine vor mit Abdrücken von Pflanzenwurzeln. Da sie übrigens versteinerungsleer und ohne Geschiebe sind, so wird man sie mit Recht für mitteloligocän ansehen können, ebenso wie die weit verbreiteten Braunkohlensande des niederrheinischen Beckens.

Endlich wurde neuerdings weit im Norden der niederrheinischen Ebene und über 7 Meilen nordöstlich von dem bis dahin am weitesten nach Norden hin bekannten Braunkohlenvorkommen, am Hülserberg bei Crefeld, im Stadtwalde von Cleve, an der alten Bahr, ein Lager von thoniger Braunkohle aufgefunden. In einem Bohrloche des Hrn. Crönert zeigt sich in 15—18 Fuss unter einer Bedeckung von Sand, Geröll, Lehm und grauem Thon ein 5—6 Fuss mächtiges Flötz auf grauem Thon aufruhend und in einem anderen Bohrloche wurde erst unter 40 Fuss Sand und Geröll der graue Thon und unter ihm das Braunkohlenflötz angetroffen und an einer ferneren Stelle wurde schon 3 Fuss unter Tage ein bis

18 Fuss mächtiges Lager von weissem Thon aufgedeckt, das jetzt behufs der Töpferei gewonnen wird.

Südlich der Düsseldorfer Bucht längs dem Rande des älteren, aus jüngerer Grauwacke bestehenden Gebirges, zwischen Haan, Opladen, Schlebusch bis in die Gegend von Paffrath sind bisher noch keine Tertiärschichten aufgefunden, mit Ausnahme eines Punktes bei Odenthal östlich von Schlebusch, wo tertiärer Thon mit Thoneisenstein vorkommt; es unterliegt aber kaum einem Zweifel, dass sie unter der Bedeckung des Diluvium vorhanden sind, oder wenigstens vorhanden waren. Sie treten erst wieder in der Nähe von Paffrath und Gladbach zu Tage, wo die Bucht von Siegburg anfängt. Hier finden sich unter der Diluvialbedeckung im Eifelkalkstein schmale Mulden, in denen das Braunkohlengebirge abgelagert ist und auf den Sätteln zu Tage tritt. Der Thon ist hier über 80 Fuss mächtig durchteuft worden und schliesst Schwefelkies ein, theils in Form von Knollen, theils von Baumästen, die er verkiest hat, zusammen mit Krystallen von Gyps und Braunkohlenstücken. Es ist hier unter Diluvialgerölle und Lehm dieser Thon mit 9 schwachen Braunkohlenflötzen und darunter ein Flötz von 100 Fuss Mächtigkeit auf lettigem Sande und Sandsteine aufliegend, bekannt. In der Mulde nordwestlich von Gladbach liegt unter Lehm, 12—24 Fuss Letten, 1 Fuss Quarzgerölle mit Sand und darunter die Braunkohle in 10—113 Fuss Mächtigkeit.

Oestlich von Gladbach im Thale des Strundener Baches liegt ebenfalls Braunkohle bei Unterthal und Thon von dunkelblauer, schwarzer, weisser und gelblicher Farbe bei Hohnbach und Büchel.

Südlich von Gladbach findet sich ein Braunkohlenflötz von 30 Fuss, flach nach Süden einfallend und südlich von Oberheukamp ist das Tertiärgebirge in den Concessionsfeldern Unbeschnittener Fund, Urbanus und Heidkamps Maassen aufgeschlossen. In der Concession Unbeschnittener Fund zeigten Bohrlöcher die folgenden Profile: 1) 6 Fuss Sand und Gerölle, $\frac{1}{2}$ Fuss blauschwarzer Thon, 7$\frac{1}{2}$ weisser Kies, 7 erdige Braunkohle, Dolomit. 2) 7 Fuss Gerölle und Sand, 1 blauschwarzer Thon, 6 weisser Kies, 9 feiner Triebsand, 5 erdige Braunkohle, $\frac{1}{2}$ blauer Letten, 2 erdige Braunkohle, 1$\frac{1}{2}$ blauer Letten, Dolomit. 3) nordwestlich von dem Vorigen, 10 Fuss Gerölle und Sand, 13 weisser Kies, 3 Letten mit Kies, 7 erdige Braunkohle, 2 Kies mit Sand, 21$\frac{1}{2}$ Braunkohle, 1 blauschwarzer Letten, 5 Braunkohle, nicht durchsunken. In dem Felde von Heidkamps Maassen südlich von Heidchen finden sich 10 Fuss von Tage 38 Fuss erdige Braunkohle, 2 blauschwarzer Thon, 38 feste

Braunkohle, Kies und Sand, die nicht durchteuft sind. Dasselbe Profil gilt für das angrenzende Concessionsfeld Urbanus und südwestlich hiervon in der Muthung Neb wurden gefunden 10 Fuss gelber Sand, 10 weisser Triebsand, 2-3 feiner Sand, 1—2 erdige Braunkohle, 2 blauer Letten, 4 erdige und darunter 30 Fuss feste Braunkohle, deren Liegendes nicht bekannt ist.

Nordwestlich der Fauler Mühle findet in den Concessionen Alfred und Neufeld in einer kleinen, NW.—SO. streichende Mulde Tagebau auf einem 15—18 Fuss mächtigen Flötze statt, das aus erdiger Braunkohle besteht, aber viele Stämme enthält.

Bei Bensberg wird in der Concession Catharina Braun- und Thoneisenstein gewonnen und sie schliesst die Bleierzgewinnungen Hannchen und Mariechen ein, in welchen unter einer Bedeckung von Braunkohlensandstein in einer 2—6 Fuss mächtigen Thonlage Weissbleierz mit einem Gehalte bis zu 40 Procent Blei vorkommt.

Südwestlich von Bensberg im Frankenforst sind in der Nähe von Rath unter 4 Fuss Sand 40 Fuss Braunkohle aufgefunden und in der Concession Gustav, südlich vom Frankenforst ist ein 9 Lachter tiefer Schacht in Thon mit Sphärosiderit abgeteuft worden.

Westlich von Rath wurde das Braunkohlengebirge unter den Geröllen des Rheinthales ebenfalls angetroffen und zwar in Kalk, wo ein Braunkohlenflötz von 17 Fuss Mächtigkeit unter 81 Fuss Obergebirge, Rheingerölle und Tertiärthon, erbohrt ist. Der Versuch, einen Senkschacht auf das Flötz niederzubringen, wurde als missglückt aufgegeben. Zwischen Kalk und Deutz ist die Tertiärformation abermals unter 120 Fuss Alluvium mit $117\frac{1}{2}$ Fuss Mächtigkeit nachgewiesen; sie enthielt hier 4 Braunkohlenflötze mit $47\frac{1}{2}$ Fuss Gesammtmächtigkeit und ein Lager von Thoneisenstein.

Diese Funde machen es wahrscheinlich, dass die Formation im Rheinthale unter der Decke der Rheingerölle noch eine weite Verbreitung oberhalb und unterhalb Cölns hat.

Südlich von Rath finden sich Tertiärschichten erst wieder unter dem Alluvium der Wahner Heide, zwischen Urbach, Wahn, Lind, Hassbach und Altenrath; dieselben führen im Thone ein unreines Braunkohlenflötz und theils über, theils unter demselben kommen im Letten Kugeln, Knollen, Blöcke und Bänke von Thoneisenstein vor, die theils durch Tagebau, theils unterirdisch gewonnen werden.

Südlich von Lind wird das erwähnte thonige Braunkohlenlager, welches auch viel Schwefelkies enthält, bei Spich gewonnen und die veraschte Braunkohle auf der dortigen Alaunhütte zu Alaun verarbeitet. Unter 20 bis 30 Fuss Kies und Sand liegen bei der Alaunhütte 2 Fuss Braunkohle, $2\frac{1}{2}$ Alaunthon, 4 Braunkohle, Thon und abermals $1\frac{1}{2}$ Braunkohle. Im Hangenden, einem schwarzblauen Letten, mit Braunkohlenstreifen kommen hier weit verbreitet Sphärosiderite in Kugeln von 2—3 Fuss Durchmesser vor. Sie sind dicht, von grauweisser Farbe, mit einer viertelzölligen Kruste von Brauneisenstein überzogen und unter ihnen liegt feiner gelber Sand und Alaunthon, oder unreine Braunkohle, die nach unten reiner wird. Etwa 20 Fuss im Hangenden des Sphärosideritlagers liegen in gelbem fettem Thon unregelmässige Nieren von Brauneisenstein, der gleichfalls durch Oxydation aus Thoneisenstein hervorgegangen ist. Etwas östlich hiervon im Altenforst nördlich von Troisdorf kommt Braunkohlensand und Sandstein vor. Der Sand besteht aus feinen rundlichen, wasserhellen Quarzkörnern, die selten gefärbt, doch öfter gelb sind; er enthält stets feinen silberweissen Glimmer, doch sparsam, und schwärzliche und bräunliche Körner von vegetabilischer Masse beigemengt. Der Sandstein ist feinkörnig und die Körner sind mit feinem chalcedonartigen Kieselcement oft ganz zu Quarzit verflossen; er bekommt dann einen unvollkommen muschligen, splittrigen, hornsteinartigen Bruch; oft ist er von Eisenoxyd geflekt oder gestreift.

Das Eisensteinvorkommen von Spich verbreitet sich durch den Altenforst weiter gegen Osten bis Lohmar, und jenseits des Aggerflusses durch den Lohmarer Wald nach dem Rothenbacherhof, Stallberg, Haus zur Mühlen bis Caldauen und Seeligenthal nahe unter Tage anstehend, doch ist das Braunkohlenflötz darunter in dieser Gegend nicht nachgewiesen. Bei Stallberg und Rothenbacherhof ist der obere Thon weiss mit Brauneisensteinnieren und die untere Lage von grossen Sphärosideriten liegt zwischen dem gelben Sande und dem dunkelblauen Letten. Der Tertiärthon hat auch rund um Siegburg bei Wolsdorf, Aulgasse, Steinbahn und den Aggerteichen bis Troisdorf hin eine weite Verbreitung.

Südlich des Siegflusses schliessen sich hieran die bedeutenden Braunkohlenablagerungen, die mit den oben erwähnten Tertiärbildungen des Siebengebirges im Zusammenhange stehen. Sie sind in v. Dechen's geognostischem Führer durch das Siebengebirge S. 264 ff. sehr ausführlich beschrieben und sie sollen an dieser Stelle nur eine kurze Darstellung finden. Am Südrande des Siegthales zwischen Warth und Geistingen tritt im Geistinger Busch südwärts bis Dürresbach eine Tertiärablagerung zu Tage, auf welcher die Blätterkohlengruben Romerikeberg Johanna und Carl betrieben wurden. Das Blätterkohlenlager, welches in verschiedener Beziehung der schon beschriebenen Blätterkohle von Liessem, Orsberg und Stösschen gleicht, besteht von oben nach unten aus 3—3½ Fuss erdiger Braunkohle, 6 Fuss dickschiefrigem grauem Thon, 3 Fuss feinschiefriger Blätterkohle, 1 Fuss Thon mit Schwefelkies, und liegt auf Basaltconglomerat auf; es erstreckt sich westlich nach dem Freckhahnseifen und Pfannenschoppenseifen in das Grubenfeld Krautgarten bei Rott. Das Lager ist durchzogen von Schichten sehr festen Kieselschiefers und Polirschiefers, die ausserordentlich reich an Thier- und Pflanzenresten sind und einen Hauptfundpunkt für die niederrheinische tertiäre Fauna und Flora abgeben. Die Masse dieser kieseligen Lagen besteht nach den Untersuchungen von Ehrenberg fast ganz aus Kieselpanzern von Infusorien und sie sowohl, wie die dünnen Schichten der Kohle zeigen zahlreiche Blätterabdrücke. Ueber dem Lager liegt brauner, blauer und schwarzer Thon, weisser und gelber Letten und unter dem Diluviallehm Sand mit Quarzgeröllen. Die Blätterkohle ist lange Zeit technisch verwerthet worden zur Darstellung von Mineralöl und Paraffin. Auf der Grube Krautgarten am rechten Ufer des Pleissbaches liegt unter dem Diluvium Letten und Thon mit einem schwachen Braunkohlenflötz und in 60 Fuss Tiefe das Hauptlager, bestehend aus 3 Fuss erdiger und fester Braunkohle mit fossilem Holz, $2—3'/_2$ dickschiefrigem graubraunem Thon, 6—10 Zoll Kieseltuff, Halbopal, Hornstein, Kieselschiefer mit sehr vielen Blattabdrücken, 2—3 Fuss Blätterkohle mit gleichen kieseligen Lagen, 6 Zoll Halbopal etc., 1 Fuss Blätterkohle (wahrer Disodyl, Pappendeckel genannt), sehr bituminös, Holz mit Schwefelkies, Lagen und Nieren von Kieseltuff mit vielen Abdrücken von Insekten, Fischen und Blättern, grauweissem Thon mit Schwefelkies, Thon mit Sphärosiderit, Trachyt- und Basaltconglomerat. In dem Alexanderstollen, welcher diese Gruben löst, ist fester Braunkohlensandstein, der unter dem Conglomerat liegt, angefahren worden, und als Liegendstes dieser Tertiärformation auch weiter nach Osten zu am Ausgehenden dicht unter der Oberfläche bei Dürrenbach, Kümpel und Söven ansteht. Nordöstlich von Rott, nach dem Siegthale zu, ist die Blätterkohle nicht bekannt, es finden sich hier bei Dambroich und Oelgarten nur schwache Braunkohlenflötze und Thoneisenstein im Thone und Letten, welch Letzterer auf der Grube Gottesseegen im Geistinger Busch bergmännisch gewonnen wird. Diese Eisenstein führenden Thone und Trachyt-Conglomerate liegen unter der Blätterkohle, und in dem Tagebau der Gottesseegen-Grube sind in grauem und blauem Thon sechs thonigen Sphärosiderit führende Lagen aufgeschlossen, die jedoch nicht regelmässig auf grosse Erstreckungen aushalten. An einer Stelle dieser Grube kommen 27—50 Lagen in 13—25 Fuss Mächtigkeit vor. In dem Thoneisenstein von Gottesseegen sind zwei Mal Unio-ähnliche Süsswassermuscheln von Bleibtreu und Burkart beobachtet, aber nicht näher bestimmt worden. Auf der Westseite des Pleissthales nach dem Lutterbache hin wird bei Utweiler, Bockerodt, Ober- und Nieder-Scheuren in den Concessionen Anhalt, Dieschzeche und Satisfaction Braunkohle und Eisenstein gewonnen. Von nicht geringem Interesse ist in den Gruben Gottesseegen und Satisfaction bei Utweiler das Vorkommen von Basalt, welcher die Braunkohle überlagert. In Letzterer ist der Thon unter dem Basalt gehärtet und hat säulenförmige Absonderung angenommen, ebenso der obere Theil des in Pechkohle verwandelten, 14 Fuss mächtigen Braunkohlenflötzes. Die Pechkohle und der Thon enthalten Bitterspath auf Klüften ausgeschieden. Auf Grube Anhalt bei Düferoth wird unter dem Thon ein über 12 Fuss mächtiges Braunkohlenflötz gebaut, während auf der benachbarten Grube auf der Helten statt dessen vier schwächere Lager vorkommen, von denen das oberste nur 5 Fuss Mächtigkeit hat. Auf Dieschzeche bei Bockeroth liegt ein Flötz von 1 Fuss 8 Zoll auf Thon unter schwarzem Letten und darüber eine Schichtenfolge von Sand und Thon, z. Th. mit Geschieben, von mehr als 100 Fuss Mächtigkeit.

Westlich des Lutterbaches bei Birlinghofen kommt unter einer Bedeckung von Thon ein 3—10 Fuss mächtiges Kohlenflötz, und unter ihm in etwa 60 Fuss Abstand, durch ein Thonmittel getrennt, ein Zweites auf Zeche Plato vor, wo sie durch Tagebau gewonnen werden. Der obere fette Thon ist nicht feuerfest, giebt aber gute Klinker, während sich in dem Zwischenmittel feuerfester Thon findet, der an Ort und Stelle verarbeitet wird. Auf den benachbarten Gruben Engelbertsglück und Gustav Adolf bei Birlinghofen zeigt sich der Eisenstein reich an Pflanzenresten, namentlich an Abdrücken von Dikotyledonenblättern.

Südlich davon bei Hohholz findet sich das obere Lager wieder mit 6—8 Fuss Dicke, bedeckt von Letten und Thon und wird auf Grube Lohholz abgebaut.

Hieran schliesst sich westlich ein ausgedehntes, mit Alaunthon verbundenes, Braunkohlen-Vorkommen, das in den consolidirten Grubenfeldern Deutsche Redlichkeit und Bleibtren ausgebeutet wird. Auf der Hardt ist dieses Lager aus 3—4 Fuss Alaunthon und 6—7 Fuss Braunkohle bestehend, in beiden Concessionsfeldern in zahlreichen Schächten aufgeschlossen, es hat Thon zum Hangenden und Liegenden und sowohl über, wie unter ihm kommen noch mehrere schwache Kohlenflötze vor. Die Tertiärablablagerung erreicht nach den hier vorgenommenen Bohrungen eine grosse Mächtigkeit, von über 260 Fuss, und ist auch wieder überwiegend aus Thonen und Letten zusammengesetzt, denen Sandschichten untergeordnet sind. Das Liegende der Formation ist hier nirgends erreicht worden. Das Braunkohlenflötz ist sehr regelmässig gelagert in nur schwachen Wellen und nimmt nach der Tiefe an Reinheit zu, während der Alaunthon verschwindet; es besteht aus erdiger Braunkohle, die unten locker ist und leicht in würflige Stücke bricht, nur in der Mitte findet sich eine gewöhnlich 3 Fuss mächtige Lage, die fast ausschliesslich aus bituminösem Holz in grossen Stücken und ganzen Stämmen besteht, das wie H. Bleibtreu zeigt, bei langsamer Austrocknung sich in Pechkohle verwandelt. Auf diesem Flötze wurden in der Grube Bleibtreu 35 aufrecht stehende Bäume gefunden, von denen zwei 9 Fuss Durchmesser, drei 7, einer 6, die übrigen 2½—5 Fuss hatten; sie gehören Coniferen-Arten an. Ein Theil der erdigen Kohle enthält so viel Schwefelkies, dass sie verascht und zur Alaunbereitung verwendet wird. Ueber diesem Flötze wird noch ein zweites weiter östlich bei Hohholz, Roleber und Gielgen im Felde Redlichkeit mit 3—7 Fuss Dicke gewonnen; es liegt etwa 60 Fuss über dem Hauptflötze. Von Interesse ist das Vorkommen von Braun- und Thoneisenstein in dieser Braunkohlenbildung über dem alaunhaltigen Lager, welches an vielen Stellen theils zu Tage, theils unterirdisch nachgewiesen worden ist, namentlich in den Grubenfeldern Bleibtreu, Hubertus, am nördlichen Abhang des Ennert bei Rauschendorf u. s. w. Der thonige Sphärosiderit bildet grosse flache Nieren bis zu 6 Fuss Durchmesser und 3 Fuss Dicke und ist meist mit einer Rinde von Brauneisenstein überzogen. Das Innere ist mannigfaltig zerklüftet, oft mit einem Anfluge von Manganschaum. Der Eisenstein liegt in einem gelblichweissen fetten Thon, der sogenannten „Bartseife", unmittelbar auf einer 6—7 Fuss mächtigen Schicht weissen Sandes, in dem die Nieren wie eingesunken stecken.

Hieran schliesst sich gegen Norden nach dem Siegthale zu am Niederberg bei Hangelar in der Grube Jägershoffnung das alaunhaltige Flötz an, das sich östlich bis in die Gegend zwischen dem Kohlberg und dem Schmerbroicher Hofe erstreckt, weiterhin aber in der Zeche Plato nicht mehr aufgefunden wurde, und nördlich das Eisensteinvorkommen in den Concessionen Schröder und Margaretha-Hoffnung in der weiten Ebene des Siegthales zwischen Bächlinghoven, Kohlkaul und Hangelar. Hier liegt nur wenig mit Lehm und Geschieben bedeckt blauer Thon mit grossen Nieren von Sphärosiderit in einer ziemlich zusammenhängenden Lage, darunter 3—5 Fuss weisser Thon, dann ein Lager von 1½—5 Fuss erdige Braunkohle und 10 Fuss tiefer ein zweites Lager von Thoneisensteinnieren, jedoch weniger reichhaltig.

In dem innersten südlichen Theile der Bonner Bucht schliesst sich die ausgedehnte Braunkohlenformation des Vorgebirges oder des Centralbeckens an, welche sich wie eine langgestreckte Halbinsel in nordöstlicher Richtung, 8 Meilen weit von dem Pecher Bache zwischen Meckenheim und Godesberg bis Neurath und Frimmersdorf, nördlich von München-Gadbach, zwischen den Thälern des Rheines und der Erft in das tertiäre Becken hineinzieht.

An der nördlichen Seite des Pecher Baches, nordöstlich von Pech, kommt zwischen dem Milchpütz und dem Kumbache ein 2½ Fuss mächtiges Braunkohlenflötz und darüber 5 Fuss mächtig Alaunthon vor und nördlich hiervon im Kottenforst bis gegen den Endenicher Bach hin ist zwischen Röttchen und Ippendorf an mehreren Punkten dasselbe Lager aufgefunden worden.

Auf der Schweinheimer Heide zwischen Godesberg, Schweinheim und Friesdorf wird seit 1841 Alaunthon und Braunkohle gewonnen, und bei Friesdorf auf Alaun verarbeitet. Das Lager findet sich 30—40 Fuss von Tage und besteht aus 1 Fuss thoniger Braunkohle, 4½—5 Fuss Alaunthon und 1 Fuss erdiger Braunkohle, in welcher letzteren ein faustgrosses Stück von Retinit, dieses seltenen fossilen Harzes, vorgekommen ist; auch schliesst es viel bituminöses Holz von Coniferen ein und liegt auf Thon auf, der an dem steilen Gehänge des älteren Devongebirges mehrmals zu Erdschlipfen Veranlassung gegeben hat. In der Schlucht, welche bei Friesdorf mündet, am sogenannten Pützberge ist das Lager von 1840 an auf Nöggerath's Veranlassung zur Alaungewinnung gefördert und von ihm ausführlich beschrieben worden. Es erreicht hier in seinen thonigen Zwischenschichten 31—34 Fuss Mächtigkeit und bietet ein sehr interessantes Profil. Braunkohle in Alaunthon übergehend 3 Fuss, Thon mit bituminösem Holz und Eisenstein 4—5, bituminöses Holz oder Lignit 1½, Thon, Braunkohle und Lignit 1½, grauer Thon mit Lignit und Schwefelkies 5, Braunkohle mit verkiestem Holz 8, schwarzer Alaunthon mit Schwefelkieskörnchen und Nieren von Eisenstein 5, Braunkohle mit Pflanzenresten und Blättern 1½, Lignit 1½, erdige Braunkohle 3, Braunkohle mit Stengeln, Zweigen und Blättern 2—3, erdige Braunkohle 1½, Braunkohle mit Pflanzenabdrücken 1½ Fuss und darunter grauer sandiger Thon. Im Thalsberger Bache kommt eine beträchtliche Lage von Blätterkohle auf grauweissem Thone vor. Das bituminöse Holz von hier wie auch von der Hardt ist oft ganz erfüllt von Thoneisensteinkörnchen. Es ist hier auch ein aufrechtstehender Stamm mit Wurzeln, von 11 Fuss Durchmesser vorgekommen, der nach den Jahresringen fast 800 Jahre alt gewesen sein muss; solche Stämme sind später mehrfach gefunden worden. Von den Pflanzenresten sind bestimmt worden: *Sphaerites regularis, Fascienlites Hartigi, Cupressinoxylon durum, Pinites protolarix, P. ponderosus, Stenonia Ungeri, Betula Brongniarti, Carpinus grandis, Ulmus plurinervia, Planera Ungeri, Nyssa obovata, N. rugosa*. Arten von *Juglans, Rhamnus, Rhus, Gleditschia* u. s. f.

Nach Norden fortschreitend sind Tertiärschichten demnächst erst wieder am Kreuzberge bei Poppelsdorf bekannt, wo Thonlager an der Strasse nach Meckenheim und bei der Brauerei vorkommen in bedeutender Mächtigkeit, zuweilen mit Lagern eines weissen thonigen Sandsteines. Am nördlichen Abhange des Lagers enthält der Thon Nieren von Eisenstein und ist wiederum an vielen Stellen im Endenicher Bache zwischen Lengsdorf und Röttchen aufgeschlossen. Südlich von Lengsdorf und am Mühlenwehr bei Ueckesdorf findet sich im Thon auch ein schmales Braunkohlenlager und zwischen Ippendorf und Röttchen im Katzenloch tritt unter 2 Fuss Alaunthon ein 3 Fuss mächtiges Flötz von Braunkohle auf, das mit dem Vorkommen bei Godesberg zusammenhängt.

Der Thon mit Eisensteinnieren verbreitet sich an dem linken Gehänge des Endenicher Baches, südlich von Duisdorf über den Hardtberg nach Witterschlick, wo auf der Eisensteingrube Witterschlick unter 54 Fuss weissem Sande eine 58—60 Fuss mächtige Thonablagerung mit 2 Lagen von Thoneisenstein und einem schmalen Kohlenflötze, überlagert von Sand, vorkommt. Das ganze Plateau des Hardtberges ist von dieser Bildung erfüllt, die sich südlich nach Vollmershoven und Heidchen und bis nach Lüftelberg erstreckt, wo auf der Braunkohlengrube Nabor zwischen Thon ein 9 Fuss mächtiges, zum grossen Theil aus Lignit bestehendes und viel Schwefelkies haltendes Kohlenflötz gewonnen wird. Am Hardtberge ist das obere Flötz am reichsten an Eisenstein, dagegen am Faulesberge westlich von Witterschlick, das unter der Braunkohle Liegende, wo es 1—1½ Fuss, stellenweise sogar 3 Fuss Mächtigkeit hat und über 500 Lachter von Ost nach West auf eine Breite von 50 Lachter von N. nach S. nachgewiesen ist. In der Nähe des Ausgehenden ist der Eisenstein in Brauneisenstein umgewandelt, nach dem Innern des Berges zu tritt er jedoch auf dem unteren Lager flötzartig als weisser fester Thoneisenstein auf, der sich nach und nach zu Nieren auflöst. Er hat sehr gut erhaltene von Herrn. Heymann bestimmte Pflanzenabdrücke geliefert, wie von *Glyptostrobus europaeus, Alnus Kefersteinii, Quercus grandidentata, Ficus lanceolata, F. arcinervis, Liquidambar europaeum, Salix elongata, Populus latior var. undulata, Laurus primigenia, L. styracifolia, L. tristaniaefolia, Cinnamomum polymorphum, Daphnogene Ungeri, Dodonaea pteraefolia, Rhamnus Decheni* u. A. Auf der linken Seite des Marbaches findet sich bei Rammelshofen am Schiessberge gelber Thon mit Eisensteinnieren und bei Impekoven unter Sand und schwarzem Thon ein Braunkohlenflötz mit Thon bis 12 Fuss Stärke. In der Eisensteingrube Justus bei Impekoven liegt 6 Fuss unter Tage ein 2—2½ Fuss mächtiges Thoneisensteinflötz im Thon. Nördlich davon im Kempelsberg bei Oedekoven sind im Thone 3 Braunkohlenlager von 3, 1½ und 11 Fuss Mächtigkeit über blauweissem Thone nachgewiesen und es erstrecken sich dieselben bis Gielsdorf.

Bei Birrekoven westlich von Gielsdorf ist der Eisenstein wieder an vielen Stellen mit 2—2½ Fuss Mächtigkeit wie in Justus nachgewiesen, ebenso westlich von Ohlsdorf und längs des Gebirgsabhanges zwischen Alfter und Roisdorf, wo aber sich weisser Sand über dem Eisenstein führenden Thone einfindet, welcher Gegenstand einer bedeutenden Gewinnung ist.

Die Sandgruben zwischen Roisdorf, wo die nördlichste Parthie des Devon zu Tage tritt, und Bornheim zeigen das folgende Profil: Gerölle 20 Fuss, schwarzer Thon und Braunkohle mit viel Lignit 1 Fuss, schwarzer, blauer Thon und grauer Sand 20 Fuss, dann 12—30 Fuss weisser Sand mit dünnen schwarzen Streifen, und wiederum grauer Sand. An einer andern Stelle findet man unter dem Gerölle 1 Fuss Thon, oben weiss, unten grau und bituminös, 1½ Braunkohle, 6 grauer Thon, dann über 30 weisser Sand. Der Sand besteht fast ganz aus feinen rundlichen wasserhellen Quarzkörnern, die selten mit bunten Quarzkörnern gemengt sind, und feinen silberweissen Glimmerblättchen. An vielen Stellen ist dieser Sand 2–3 Fuss unter seiner Oberfläche mit Körnchen von Schwefel gemengt, welche den Sand zu Nieren von Wallnussgrösse bis zu 1½ Fuss zusammenbacken und Absatz einer Schwefelquelle sein werden.

Westlich von Roisdorf am Hennesberge findet sich wieder der Eisenstein im Thon und setzt über Brenig fort, wo er in der Concession Friedhelm durch Tagebau gewonnen wird. Er tritt hier in festen Nieren von weissem Sphärosiderit mit Krusten von Brauneisenstein im Thone auf, und es ist hier zwischen denselben der schön erhaltene Kopfabdruck eines Wiesels vorgekommen, den H. von Meyer und Troschel als *Mustela major*, das auch in der Blätterkohle bei Rott vorkommt, bestimmt haben.

In den Hohlwegen bei Brenig, Dersdorf und am Hennesberge steht diese Formation vielfach zu Tage und ist weit verbreitet, dicht unter der Oberfläche nachgewiesen worden.

An der Mühle von Botzdorf zwischen Brenig und Bornheim befindet sich in geringer Höhe über dem Bache ein weisser Quarzsandstein in Massen und Blöcken, ebenso im Walde über der Ziegelei zwischen Roisdorf und Alfter, mit Parthien von Quarzit ähnlich wie bei Lannesdorf.

Westlich von Brenig bei Uellekoven liegt unter dem Deckgebirge und 3 Fuss Thon ein bis 10 Fuss mächtiges Braunkohlenlager, das sich nach Rankenberg und Bornheim erstreckt. Bei Waldorf in der Saulstrasse und bei Roesberg findet sich abermals der Eisenstein im Thon und über ihm ein schwaches Kohlenflötz von 2 Fuss Dicke. Er tritt lagerartig auf und besteht aus 2 bis 3 Bänken von weissem Sphärosiderit bis zu 2 Fuss Mächtigkeit. Dieselbe Formation tritt zu Tage an den Wegen zwischen Cardorf und Hemmerich, Roesberg und Merten mit gelbem und weissem Thon, ebenso im Kiesbongart bei Hemmerich, auch mit einem 8½ Fuss mächtigen Braunkohlenflötze in der Altenberger Strasse zwischen Hemmerich und Roesberg.

Unterhalb Roesberg in der Zehntgasse ist ein Stollen auf Eisensteinnieren aufgefahren, die am Klingelpütz 5 Fuss unter der Oberfläche anstehen. Auch findet sich in der Nähe unterhalb Roesberg, das schmale

Braunkohlenflötz bei Merten wieder und unter ihm gelber Thon mit Eisensteinnieren.

Bei Trippelsdorf westlich vom Hause Londorf ist in 6 Fuss von Tage ein 19 Fuss mächtiges Kohlenflötz mit einer Thonlage von 1 Fuss und im Londorfer Busch unter rothem, blauem und gelbem Thon mit Eisensteinnieren ein 21 Fuss mächtiges Braunkohlenlager aufgefunden worden.

Südlich und westlich der Kitzburg in den Thälern Kellerloch und Steinrausch liegen wiederum grosse Eisensteinnieren im Thon, ebenso bei der Rheindorfer Burg, am nördlichen Ende von Walberberg 3—8 Fuss unter Tage und höher am Abhange findet sich ein 16 Fuss mächtiges Kohlenflötz, das sich über den Rheindorfer Bach in die Concession Colonia erstreckt. Südlich davon auf dem Burgheidchen, westlich von Walberberg findet sich 10 Fuss von Tage 11 Fuss Braunkohle, 18 Fuss blauer Thon mit Eisenstein, und dann 18 Fuss Braunkohle auf Thon lagernd.

Diese Braunkohlen führende Formation erstreckt sich über das ganze Vorgebirge in südwestlicher Richtung zwischen Brenig und Hemmerich am Ostrande und Heimerzheim und Metternich am Westrande, wo der eisenführende Thon im Walde vielfach gefunden wurde, und zwischen Kriegshoven und den Dützhöfen ist 16 Fuss unter Tage ein 12 Fuss mächtiges Kohlenflötz bekannt, das im oberen Theile thonig, unten aber rein ist. Unter der Kohle am tieferen Thalgehänge an den Teichen von Kriegshoven kommt abermals der gelbe Thon mit 1¼ Fuss Eisenstein dicht unter der Oberfläche vor, ebenso nördlich von der Finxmühle bei Metternich ein Braunkohlenlager von 8 Fuss unter 18 Fuss Deckgebirge.

Die mächtigsten Braunkohlenlager des niederrheinischen Beckens sind durch zahlreiche Gruben in fast ununterbrochenem Zusammenhange an der Ostseite des Vorgebirges aufgeschlossen zwischen Walberberg und Frechem auf 2½ Meilen Länge.

Auf der Grube Petronella I. westlich von Trippelsdorf liegt das Kohlenflötz mit 21 Fuss Mächtigkeit unter 3 Fuss Thon mit Eisenstein und 9 Fuss Obergebirge und in der angränzenden Concession Blücher ist es 17 Fuss mächtig unter 17 Fuss Obergebirge und hat gelben Eisenstein führenden Thon im Liegenden.

Nördlich davon auf der Grube Colonia liegen unter Lehm und grobem Sande am südlichen, oder sandigem Thon am nördlichen Flügel ein oberes Flötz von 24—36 Fuss Mächtigkeit, eine Lage Thon mit Eisenstein von 28 Fuss und abermals ein Kohlenflötz von 13 Fuss. Das obere besteht zu oberst aus 4—6 Fuss erdiger Schmierkohle, 20 Fuss Knorpel und Stückkohle, 10 Fuss röthlicher Kohle und hält in den mittleren Schichten viel bituminöses Holz; es sind darin Früchte von Bohnen, Coniferen und 1820 ein Stamm von 30 Fuss Länge vorgekommen.

In der Leuterbach in den Gruben Florentine und Victoria bei Eckdorf liegt das obere Flötz von 23—46 Fuss Dicke unter 15—24 Fuss Obergebirge, darunter 2 Fuss schwarzer Thon, 13 weisser Thon, 2 Sand, 9 weisser, blauer und schwarzer Thon, und das zweite Flötz von 13 Fuss Mächtigkeit auf Thon. Das Flötz enthält viel Holz von *Cupressinoxylon granulosum* mit Körnchen von Eisenkies. Nördlich hier anschliessend ist das obere Flötz bekannt im Metzmacher und am Bären bei Badorf mit 26—49 Fuss unter 7—17 Fuss Deckgebirge; ebenso 47 Fuss stark auf Pantaleon im Bären am Schild unter 18 Fuss Abraum. Auf Grube Katharinenberg im Bären ist das obere Flötz von 40—45 Fuss Mächtigkeit durch 30 Fuss Thon von dem unteren, das hier 20 Fuss hat, getrennt, während in demselben Felde in der Gabgey eine Bank von 3 Fuss Thon in das Erstere eingelagert ist; es besteht oben aus 8 Fuss erdiger Kohle, 8—10 Fuss Knabben oder Stücken, und unten 6 Zoll Thon aus hellbrauner, sog. Fusskohle, und enthält Lignit in allen Schichten.

Die Roddergrube, nördlich der Strasse von Brühl nach Liblar baut 20—25 Fuss unter Tage auf einem 40—50 Fuss mächtigen Flötze, das Thon zum Liegenden hat; es besteht aus 5—6 Fuss erdiger Kohle ohne deutliche Schichtung mit Schnüren und dünnen Schichten von Glanzkohle, 20—30 Fuss gemeiner Kohle mit viel fossilem Holz, 8 Fuss röthlicher sog. Fusskohle und 6—14 Fuss thoniger Kohle mit viel Lignit.

Auf der angrenzenden Hennersgrube ist das Flötz 49 Fuss mächtig unter 10—15 Fuss Lehm und Gerölle aufgeschlossen, es besteht aus 5—7 Fuss erdiger Kohle, 1—1½ Fuss grauem thonigen Sand und gemeiner Kohle mit viel bituminösem Holz. Es wird gegen Westen in einer Verwerfung durch Thon abgeschnitten. Friederica und Margaretha bei Kierberg bauen, unter 15 Fuss Obergebirge auf einem Flötze von über 13 Fuss, bestehend aus 4 thoniger, 3 erdiger Kohle, 12 Knabben, 6 Fuss Kohle, die an der Luft durch Austrocknung schwarz wird, ähnlich wie der Lignit von Bleibtreu, und aus 18 Fuss fester Kohle mit viel Lignit und thoniger Kohle, die nicht durchsunken ist.

Weiter nördlich fand ein alter Betrieb auf Kohle bei Heide und Vochem auf den Gruben Neuer Busch und Weilerberg statt und es schliesst sich an sie die Grube Francisca bei Fischenich an, die unter 16—24 Fuss Obergebirge 30 Fuss Braunkohle bis zum Wasserspiegel abbaut. Nordwestlich der Römerstrasse am Hürtherberge liegen die alten Gruben Ritter und Renner zwischen Knapsack und Hürth, die 24 bis 27 Fuss Kohle unter 36 Fuss Geröllen mit Thon und Sand baueten. Westlich von Hürth am Altstädterberge besitzt die Grube Theresia unter 20 Fuss Obergebirge ein 45füssiges Flötz; darunter liegt 50 Fuss blauer Thon, 1 Fuss Braunkohle, 29 Fuss sandiger Thon mit Sand zum Liegenden.

Westlich von Hermühlheim hatte die alte Rollhoven's Grube oder das Pescherwerk einen Bau auf einem 60 Fuss mächtigen Flötze, das aus 6—16 Fuss erdiger Kohle, 1—2 Fuss Sand und 40—44 Fuss gemeiner Kohle besteht; die Sandlage zeichnet sich durch auffallende Biegungen aus. Gotteshilfe-Grube bei Zieskoven hatte das folgende Profil: 4—8 Fuss Lehm, 14—24 gelben Sand mit Kies, 6 erdige Braunkohle, 1—1½ gelben Thon, 46—50 Braunkohle, davon 6—10 erdige, 30 Knabben mit Holz und 10 erdige Kohle mit sehr viel Lignit.

Koeps Grube südlich von Gleuel und die Gruben am Gleueler Berge haben unter 24—40 Fuss Sand und Geröile ein Flötz von 64—70 Fuss Mächtigkeit, das blauen Thon zum Liegenden hat und oben aus erdiger, unten aus sehr fester stückreicher Kohle besteht. Nördlich des Gleueler Baches kommt dasselbe Flötz in der alten Grube Umschlag mit 40 bis 52 Fuss wieder vor, und setzt nach Norden in den Grubenfeldern Umlauf und Schneppruth zwischen Bachem und Renzelrath fort, wo es unter 24—40 Fuss Deckgebirge mit 48—58 Fuss Mächtigkeit abgebaut wurde, und jetzt am Frechemer Berge in den Concessionen Clarenberg und Sybilla bei Frechem im Bau steht. Es liegt hier auf plastischem Thone und besteht in Sybilla, aus 24—46 Fuss erdiger Kohle; in Clarenberg ist es 64—66 Fuss und besteht aus 4—6 Fuss erdiger Kohle, 30 Fuss Knabben und 30 Fuss erdiger Kohle mit wenig Lignit.

Dieses ist das nördlichste Vorkommen von Braunkohle, welches am östlichen Abhange des Vorgebirges abgebaut wird und erst weiter nördlich bei Brauweiler ist Braunkohle erbohrt, sowie ein 7 Fuss mächtiges Flötz zwischen Mansteden und Fliesteden westlich von Poulheim bekannt. In diesem Tertiärdistrikte zwischen Walberberg und Frechem kommen mehrere bedeutende Gebirgsstörungen und Verwerfungen vor durch Aufsteigen des Sohlengebirges, so an der Gabgey, wo gegen Osten der liegende Sand ansteht; westlich der Zaaremschen Domainengrube, wo Thon hervortritt; ferner östlich der Roddergrube, östlich des Taberges zwischen dem Rodder- und Kierbergthale, 80 Lachter westlich der Hennersgrube und zwischen der Weilergrube und Kloster Benten.

An dem Westabhange des Vorgebirges ist das Braunkohlengebirge gleichfalls in einer Reihe von Gruben zwischen Liblar und Ober-Aussem aufgeschlossen, ebenfalls auf 2½ Meilen Länge. Bei Liblar ist zunächst die Grube Concordia seit Anfang des Jahrhunderts, auf einem mächtigen Flötze im Betriebe, das unter 15—20 Fuss Lehm und Geröile liegt und aus 8—15 Fuss erdiger Kohle, ½—1½ Fuss schwarzem Thone und 35—45 Fuss gemeiner Braunkohle besteht, die in dünnen horizontalen Schichten mit schaliger Absonderung auf fetten grauen Thon aufgelagert ist. Dieses Flötz enthält sehr viel fossiles Holz; es sind in ihm Palmenfrüchte, von *Bartinia Faujasii* zu Anfang des Jahrhunderts vorgekommen und von Fanjas de Saint Fond in einem Aufsatze „sur la terre brune de Cologne" in den Annales des mines beschrieben worden. Ebenso ist auf dieser Grube das Vorkommen des Retinit oder Retinasphaltes häufig und es wurde derselbe früher statt des Weihrauches in der Kirche zu Liblar zum Räuchern gebraucht; das Mineral findet sich auf Lignit und bildet 1 Linie dicke Ueberzüge desselben.

Nördlich von Kierdorf liegt unter Thon ein Kohlenflötz, das auf den dortigen Gruben Hubertus und Wallrath gewonnen wurde, es erstreckt sich gegen Nordwesten über Brüggen, Balkhausen nach Türnich und ist in zahlreichen Gruben aufgeschlossen. Auf Hubertus bei Zisselmaar ist es 50—60 Fuss mächtig, enthält in der Mitte viel Lignit und Pechkohle und in dem unteren Theile grosse Stammstücke und Früchte von *Bartinia Faujasii*, Bohnen, Saamen, ebenso in Wallrath-Grube viel bituminöses Holz, Stämme und Schwefelkies. Die Stämme kommen zuweilen aufrecht auf dem Wurzelstock stehend vor. In der Grube am Wieschen bei Brüggen liegt das Flötz unter Diluvium und blauem und weissem Thon, ist von 20—30 Fuss Mächtigkeit, oben aus erdiger mehr gebundener Kohle, unten aus wechselnden Lagen von bituminösem Holz und gemeiner Kohle zusammengesetzt. Auf den Balkhausener Gruben Hoffnung und Hülz liegt das Flötz unter 8—18 Fuss Obergebirge und ist sehr zur Selbstentzündung geneigt. Das bituminöse Holz desselben sieht dann aus wie Holzkohle und die kleine Kohle wie Steinkohlen-Kokes. Aehnlich ist das Verhalten des Flötzes bei Quadrat nördlich der Cöln-Aachener Eisenbahn. Auf den Gruben Friedrich Wilhelm Maximilian, Neuwerk und Wolfswerk bei Türnich ist das Flötz sehr mächtig, auf letzterer Grube 90 Fuss, mit fester Kohle und viel Lignit und Stämmen mit Schwefelkies; auf Friedrich Wilhelm ist es mit 42 Fuss nicht durchteuft und besteht aus 6—8 Fuss erdiger Kohle, 15 gemeiner Knabben, 8 erdiger Kohle und 7—12 fester Kohle mit Lignit; es ist in dieser Gegend bedeckt von 10—16 Fuss Thon und liegt auch auf solchem.

Dasselbe findet sich nördlich von Türnich bei Bottenbroich 70 Fuss, östlich von Grefrath 102 Fuss und bei Habelrath 40 Fuss mächtig auf Thon unter 30—40 Fuss Deckgebirge und auf Grube Röttchen bei Horrem ist es in dem westlichen Einschnitte des Königsdorfer Tunnels sehr gut aufgeschlossen; es ist hier 50 Fuss mächtig unter 15—38 Fuss Lehm, Kies und Sand. Am Westabhange des Vorgebirges beginnt nördlich von Türnich eine mächtige Ablagerung von Tertiärsand, welche den Eindruck von Dünen macht und sich bis Ichendorf erstreckt, wo sie im Hangenden der Braunkohle auftritt. Südlich von Ichendorf auf der Grube Georgeon liegt sie unter 125 Fuss feinem weissem Sande und weiter nördlich in Beissels Grube kommt unter 20 Fuss Obergebirge, 55—75 Fuss weissem Sand und 5—10 schwarzem Thon, das Flötz mit 80 Fuss Mächtigkeit und sehr fester Bsscahffenheit vor.

Nördlich von Quadrat liegen die alten Gruben Schlenderhahn, Urwelt, und Giersberg-Fortuna, die das Flötz wieder in sehr grosser Mächtigkeit angetroffen haben. In Schlenderhahn liegt unter 12 bis 24 Fuss Diluvium, 50–60 Fuss weissem Sande und 1 Fuss Thon das Flötz, welches mit 30 Fuss nicht durchteuft wurde; auf Grube Urwelt ist es mit 105 Fuss nicht durchsunken und liegt hier unter 10 Fuss grauem und weissem Sande; endlich in Giersberg-Fortuna wird es ebenfalls von 35 Fuss weissem und grauem Sande bedeckt und ist mit 100 Fuss Mächtigkeit durcksunken worden, auf Thon aufliegend.

Weiter nördlich bei Ober-Aussem ist die Kohle in Bünnagel's Grube unter 56 Fuss Obergebirge gleichfalls bekannt, aber mit 14 Fuss nicht durchsunken, ebenso bei Geddenburg auf der Grube Glücklicher Fall.

Endlich ist östlich von Bedburg die Braunkohle unter dem Diluvium nachgewiesen und ein Kohlenflötz steht noch in Abbau auf der Grube Neurath an der rechten Seite der Erft oberhalb Grevenbroich. Es liegt dicht bei dem Dorfe Neurath unter 23 Fuss Diluvium und ist 36 Fuss mächtig aufgeschlossen. An einer andern Stelle in der Nähe ist es durch eine 3 Fuss dicke Sandeinlagerung in 3 Flötze getheilt, wovon das Hangende 11, das Liegende 25 Fuss mächtig ist. Am mächtigsten wird es am Wege von Neurath nach Caster, wo es unter 63 Fuss Bedeckung 76 Fuss Dicke erreicht, doch nimmt es in der Richtung auf Welschenberg ab und keilt sich mit $2^{1}/_{2}$–1 Fuss Mächtigkeit aus. Es besteht aus gemeiner fester Braunkohle mit bituminösem Holz. Bei Frimmersdorf und Kaulerhof ist es zwar nicht nachgewiesen, aber wahrscheinlich vorhanden und die Versuche haben seine Ausdehnung über $^{1}/_{2}$ Meile von O—W. und N—S. festgestellt.

Die vorstehenden Zeilen enthalten die gedrängte Beschreibung der bisher bekannt gewordenen Fundpunkte der Tertiärformation des Nieder-Rheines; doch ist nicht daran zu zweifeln, dass sie an den meisten übrigen Stellen des niederrheinischen Beckens unter der Bedeckung der jüngeren Schichten vorhanden ist.

Die Fauna des niederrheinischen Tertiärbeckens ist verhältnissmässig sehr reich und die ergiebigsten Fundpunkte für dieselben waren die Blätterkohlengruben Krautgarten und Romerikeberg bei Rott im Siebengebirge, bei Orsberg, Stösschen und Liessem, die oben erwähnt wurden. Die Wirbelthiere wurden von Goldfuss, H. v. Meyer, Troschel, Agassiz und Bronn, die Insekten von Germar und v. Heyden, die Crustaceen von v. Meyer und v. Heyden, die Süsswassermollusken von

Troschel, die Meerwassermollusken von Nanck, Beyrich, Nyst, v. Münster u. A., endlich die Infusorien von Ehrenberg bestimmt. Nachfolgend ist ein Verzeichniss der bisher aufgefundenen Arten.

Mammalia. Pteropus rottensis Trosch., *Mustela major* Tr., *M. minor* Tr., *Amphicyon (major)* Mey., *Myoxus Krantzi* Tr., *Mus sp.* Tr., *Rhinoceros incisivus* Cuv., *Sus brevirostris* Tr., *Moschus Meyeri* Goldf. *(Palaeomeryx medius), Cervus (capreolus) rottensis* Tr.

Aves. Federn in der Blätterkohle von Rott, von H. v. Meyer beobachtet.

Amphibia. Chelydra Decheni Mey., *Crocodilus spec.* Bronn., *Lacerta rottensis* Mey., *L. pulla* Mey., *Pseudopus rugosus* Tr., *(Tropidonotus elongatus* Tr., *Thoracophis rugosus* Tr., *Coluber elongatus* Tr.). *Pseudopus Heymanni* Tr., *Ophis dubius* Goldf., *Morelia papyracea* Tr. *(Coluber papyraceus* Tr., *Rana Meriani* Mey., *R. Noeggerathi* Mey., *R. Troscheli* Mey., *Palaeobatrachus Goldfussi* Tschudi *(Rana diluviana* Goldf.), *P. gigas* Mey., *P. Meyeri* Tr., *Pelobates Decheni* Tr., *Andrias Tschudii* Mey., *Polysemia ogygia* Mey., *Heliarchon furcillatus* Mey., *Triton noachicus* Goldf.

Pisces: *Leuciscus gloriosus* Tr., *L. rematus* Tr., *L. Krantzi* Tr., *L. eurystomus* Tr., *L. plesiopterus* Tr., *L. macrurus* Agass., *L. tarsiger* Tr., *L. papyraceus* Bronn, *L. brevicauda* Tr., *L. puellaris* Tr., *L. bubalus* Tr., *Rhoaeus exoptatus* Tr., *Esox papyraceus* Tr., *Osmerus solitarius* Tr.

Arachnoidea. Arygronata antiqua Heyd., *Gea Krantzi* Heyd., *Limnochares antiquus* Heyd.

Insecta, Coleoptera: Harpalus abolitus Heyd., *Pelobius Cretzschmari, Laccobius excitatus, Agabus reductus, Hydrous Neptunus, H. miserandus, Philydrus morticinus, Ochthebius Plutonis, Trachyporus sepultus, Philonthus bituminosus, Sunius demersus, Stenus Scribai, Oxyporus vulcanus, Autophagus Giebeli, Staphylinus (larva), Seniaulus scaphoides, Byrrhus examinatus, Peltis costulata, Aphodius Krantzi, Onitis Magus, Anoplognathus rhenanus, Anomala tumulata, A. primigenia, A. Thetis, Pentodon Bellerophon, Agrilus Baueri, Perotis Hausmanni, Telephorus carbonarius, T. exnectaratus, T. caducus, T. Brodiei, Luciola extincta, Ptinus primordialis, P. antiquus, Xyletinites tumbicola, Cis Krantzi, Gonocephalum pristinum, Microzoum veteratum, Bolitophagus retustus, Uloma aria, Platydema Geinitzii, Mycodites Meyeri, Mylabris deflorata, Choragus tertiarius, Cradon Prisens, Cryptorhynchus remulus, Rhynchites Hageni, R. orcinus, Apion primordiale, Brachypterus curculionoides, Sitones retustalus, Hylobius antiquus, Eurychirus induratus, Larinus Brauni, Rhinocyllus improbus, Magdalinus protogenius, M. Deucalionis, Tychius Manderstjernai, Acalles Icarus, Centorchynchus funeratus, Nanophyes Iapetus, Sphenophorus preluviosus, Lamia petrificata, Dorcadion emeritum, Hesthesis immortalis, Labidostomis Pyrrha, Lina sari-*

ata, Cassida intercepta, Plagiodera ovata, Coccinella Haugi, C. Krantzi, C. bituminosa, C. fossilis, C. antiqua, Lasia primitiva, Dysticus spec. Germ., Hydrophilus fraternus, Byrrhus Lucae, Buprestis major Germ., B. spec. ined. G., B. abatacea Germ., B. carbonum Germ., B. Xylographica Germ., B. tradita, Ancylochira redempta, Dicerca Bronni, Silicernius spectabilis, Geotrupes vetustus Germ., G. proavus Germ., Platycerus sepultus Germ., Silpha stratuum Germ., Tenebrio effossus Germ., T. senex, Trogosita tenebrioides, T. emortua Germ., Caryoborus ruinosus, Tophoderes depontanus, Prionus umbrinus, Saperda lata, Molorchus antiquus Germ., Spondylus tertiarius Germ., Holytrupes senex.

Hymenoptera: Formica lignitum, Apiaria dubia Germ., Bombus antiquus, Osmia carbonum, Autophora effossa, Apis dormitans.

Orthoptera: Locusta extincta Germ., Blatta pauperata.

Hemiptera: Belostoma Goldfussi Germ., Alydus pristinus Germ., Carixa pullus, Notonecta primaeva, Typhlocyba carbonaria, Micropus spec.

Lepidoptera: Vanessa retula, Ypsolophus insignis.

Diptera: Chironomus antiquus, Ctenophora Deckeni, Bibio xylophilus Germ., B. lignarius Germ., B. spec. inedit. Germ., B. delectus, B. Pannosus, Bibiopsis Volgeri, Phthiria dubia Germ., Helophilus primarius Germ., Anthracida xylontona Germ., Plecia rhenana, P. heroica, Protomyia alara, P. colossea, P. Winnertzi, P. grossa, P. luctuosa, P. Proserpina, P. macrocephala, P. hypogaea, P. expositiția, P. stygia, P. pinguis, P. veterana, P. lapidaria, P. grandaeva, P. antenata, P. luteola, P. Schineri, P. elongata, P. gracilenta, P. Herri, Merodon Germari, Calicites tertiarius.

Neuroptera: Calotermes rhenanus, Leuctra antiqua, Libellula cellulosa, L. Cassandra, Aeschna Dido, Agrion Thais, A. Mysis.

Crustacea: Micropsalis papyracea, Cypris angusta, Daphnia fossilis.

Helminthes. Mermis antiqua.

Polypi: Hydra fossilis, Lucernaria elegans.

Mollusca limnaea: Planorbis Nerilli Trosch., Pl. papyraceus Trosch., Pl. rotundatus Brongn., Pl. cornu Brongn., Pl. derliris Braun, Pl. pseudoammonius Voltz., Lymnaeus cornuus, L. subpalustris Thomae., Litorinella acuta Braun., Paludina elongata Münst., Bufo spec., Unio spec.

Moll. marina: Corbula Pisum Sow., Corbulomya triangula Nyst., C. complanata Sow., var. Nyst., Venus incrassatoides Nyst., Pecten decemplicatus Münst., P. multisulcatus Bronn., Isocardia cor. Lam., Cyprina aequalis Bronn., Ostrea ventilabrum, Solen ensis var. maj. Lam., Cytherea suberycinoides Desh., Cardium spec., Nucula spec., Astarte spec., Cardita spec., Dentalium spec., Cerithium margaritaceum Broch., C. subcostellatum Schloth., Pyrula reticulata Lam., Oliva Dufresnei Bast., Fusus rarus Beyr., F. scrobiculatus Boll., F. annexus Beyr., F. scabriculus, F. elegantulus Phil., F. Waelii Nyst., F. elongatus Nyst., Tiphys pungens Solander, T. fistulosus

Broch., *T. cuniculosus* Nyst., *Pyrula concinna* Beyr., *Mitra Philippii* Beyr., *Terebra plicatula* Beyr., *Buccinum Bolli* Beyr., *B. pygmaeum* Schloth., *Cassis Rondeletii* Bast., *Cassidaria Buchii* Boll., *Aporrhais speciosa* Schloth., *Cancellaria evulsa*, *C. multistriata*, *C. granulata*, *C. pusilla*.
Foraminifera: *Flabellum striatum* Referst., *Cyothina granulata*.
Infusoria. Polygastrica: *Chaetotyphla rotrocina*, *Cocconeis borealis*, *C. fimica*, *C. lineata*, *C. scutellum*, *Cocconema Cistula*, *C. cymbiforme*, *C. lanceolatum*, *C. Leptocerus*, *C. adultum*, *C. ?. pumilum*, *Cyclidium antediluvianum*, *Diploneis*, *Discoplea romla*, *Eunotia gibba*, *Fragilaria biceps*, *F. diophthalma*, *F. hyemalis*, *F. pinnata*, *F. rhabdosoma*, *F. Gallionella*, *Gallionella carinata*, *G. distans*, *G. lineata ?.*, *G. rarians*, *G. undulata*, *Gomphonema clavatum*, *G. gracile*, *G. longirolle*, *G. truncatum*, *Himantidium Arcus*, *Navicula amphigomphus*, *N. amphioxys*, *N. amphirchyna*, *N. amphisbaena*, *N. fulva*, *N. Harpa*, *N. oxyspheniu*, *Pinnularia amphioxys*, *P. borealis*, *P. decurrens*, *P. Gastrum*, *P. gracilis*, *P. macilenta*, *P. aequalis*, *P. rhenana*, *P. viridis*, *Stauroneis Phoeniceuteron*, *Surirella bifrons*, *Synedra Ulna*, *S. acuta*.
Infus. Phytolitharia: *Amphidiscus armatus*, *Lithasteriscus tuberculatus*, *Lithostylidium Amphiodon*, *L. emeatum*, *L. Triceros*, *Spongolithis axicularis*, *S. aspra*, *S. inflexa*, *S. mesogongyla*. Dieselben gehören ausschliesslich dem süssen Wasser an, mit Ausnahme von *Gallionella lineata*, *Diploneis* und *Pinnularia rhenana*, die auch marin sind.

Das vorstehende Verzeichniss weist ausser Landthieren, und Solchen, die in süssen Wasserbecken lebten, eine ausserordentlich grosse Zahl von Insekten nach, die doch nur in den Braunkohlenwäldern und Mooren gelebt haben können, mit deren Ueberresten sie jetzt aufgefunden werden. Sie liefern so den schlagendsten Beweis, dass zur Zeit des Mitteloligocän am Niederrhein eine ausgedehnte Land- und Süsswasser-Formation geherrscht hat, und zwar in geringer Erhebung über dem Tertiärmeere, wahrscheinlich in der Form der heutigen Haffe oder der swamps von Florida. Das Meer hat dagegen zu dieser Zeit nur einen kleinen Theil des nördlichen und westlichen Beckens bedeckt und ist aus dem Letzteren, in der Gegend von der Maas bis Weissweiler an der Inde während der Zeit der Braunkohlenwälder in Folge von Hebung der Küsten zurückgetreten, wie das Vorkommen von Kohlenflötzen über den grünen marinen Sanden und Thonen in dieser Gegend beweist.

Die aus dem niederrheinischen Tertiärbecken bereits bekannt gewordenen Pflanzenreste stammen zum grössten Theile aus den Blätterkohlen und den ihnen eingelagerten Kieseltuffschichten von Krautgarten und

Romerikeberg bei Rott, Stösschen bei Linz, Orsberg bei Erpel und Liessem, aber auch von den Sandsteinen vom Quegstein und Allrott im Siebengebirge, von einigen Trachytconglomeraten im Thale des Pleissbaches und von Sphärosideriten bei Dambroich, Lengsdorf und Witterschlick, in denen sie sehr gut erhalten sind. Es ist selten noch die vegetabilische Substanz vorhanden, meist ist es nur ihr Abdruck, der von ihrem früheren Vorhandensein Kunde giebt. Unter den fossilen Hölzern in der Braunkohle sind es vorzüglich die harzreichen Coniferen, welche sich noch erhalten haben, während die Laubbäume längst aufgelöst sind. Diese Coniferenstämme nehmen oft ausserordentliche Dimensionen an und erinnern an die Riesenbäume Californiens, wie *Wellingtonia gigantea*, und nach ihren Jahresringen zu urtheilen müssen sie oft ein Alter von 2000 Jahren und darüber erreicht haben. Es ist von hohem Interesse, dass ausser den Stämmen, welche, wie in allen unseren Torfmooren, liegend gefunden wurden, auch viele auf dem Wurzelstock stehende Baumstämme vorgekommen sind, also offenbar „in situ" gefunden wurden. Das vorherrschende Holz ist nach Göppert's Untersuchungen eine Cupressinee, *Cupressinoxylon pachyderma*, demnächst sind es *Taxites Aykii*, *Pinites protolarix* und *Cupressinoxylon granulosum*, welche die tertiären Wälder zum grössten Theile gebildet haben. Demnächst waren immergrüne Eichen, Lorbeerbäume, Feigen, Ahorn, Akazien, Gleditschien, die Buche, Erlen, Weiden und viele Andere, nebst einigen Palmen vorhanden, von denen Wedel im Siebengebirge und Früchte bei Liblar gefunden worden sind. Das Folgende ist eine Liste der bis jetzt bekannten Arten nach v. Dechen's Zusammenstellung.

Fungi: *Xylomites umbilicatus* Ung., *Sphaerites regularis* Goepp.

Musci: *Hypnum lycopodioides* Web.

Filices: *Pteris Goepperti* Web., *P. crenata* Web., *P. xiphoides* Wess. et Web., *Cystopteris formariacea* Wess. et Web., *Asplenium ligniticum* Wess. et Web.

Gramineae: *Arundo Goepperti* Heer.

Cyperaceae: *Cyperus Chavannesi* Heer.

Smilaceae: *Smilax sagittifera* Heer., *S. grandifolia* Heer., *S. Weberi* Wess., *S. ovata* Wess., *S. remifolia* Wess., *Majanthemophyllum petiolatum* Web.

Typhaceae: *Sparganium Braunii* Heer.

Ensatae: *Hydrocharis obcordata* Web., *Iris prisca* Wess. et Web.

Palmae: *Sabal major*, *Fascicilites Hartigi* Goepp. et Stentz., *Bartonia Funjasii* Endlicher.

Coniferae: *Libocedrus salicornioides* Endl., *Glyptostrobus europaeus* Heer., *Cupressites Brongniarti* Goepp., *C. gracilis* Goepp., *Cupressinoxylon durum* Goepp., *C. pallidum* Goepp., *C. uniradiatum* Goepp., *C. granulosum* Goepp., *C. pachyderma* Goepp., *Taxodioxylon Goepperti* Hartig., *Piceites geanthracis* Goepp., *Pinites Thomasianus* Goepp., *Pinites species indeterminatae* duae, *P.*

protolaris Goepp., *P. ponderosus* Goepp., *Stenonia Ungeri* Endl., *Maktoxylon Linkii* Goepp., *Sequoia Langsdorfi* Heer., *Taxites Aykii* Goepp., *Podocarpus eocenica* Ung.

Juliflorae: *Casuarina Haidingeri* Ettgh., *Myrica Ophir* Ung., *M. weinmanniaefolia* Web., *Alnus Kefersteinii* Goepp., *A. gracilis* Ung., *Betula Brongniarti*, *B. primaeva* Wess., *B. carpinifolia* Wess., *Quercus grandidentata* Ung., *Q. lonchitis* Ung., *Q. neriifolia* Braun, *Q. undulata* Web., *Q. Ungeri* Web., *Q. Ettinghauseni* Wess., *Q. ilicites* Web., *Q. Buchii* Web., *Q. tenerrima* Web., *Q. Goepperti* Web., *Q. tenuinervis* Wess. et Web., *Q. scutellata* Wess., *Q. Rottensis* Web., *Q. Weberi* Heer., *Fagus Deucalionis* Ung., *Carpinus grandis* Heer., var. *elongata* Wess., var. *minor* Wess., var. *Rottensis* Wess., var. *elliptica* Wess., *C. platycarpa* Wess., *Ulmus Bronni* Ung., *U. prisca* Ung., *U. plurinervia* Ung., *Planera Ungeri* Ettingh., *Celtis rhenana* Goepp., *Ficus elegans* Web., *F. Decheni* Wess. et Web., *F. Orsbergensis* Wess. et Web., *F. Noeggerathi* Wess., *F. apocynophylla* Web., *F. lanceolata* Heer., *F. arcinervis* Heer., *F. tiliaefolia* Braun., *F. populina* Heer., *Liquidambar europaeum* Braun., *Salix elongata* Web., *S. arcinervea* Web., *S. grandifolia* Web., *S. longissima* Web., *Populus betulaeformis* Web., *P. styracifolia* Web., *P. latior* Braun., var. *undulata* Wess., *P. dubia* Wess., *P. emarginata* Wess. et Web., *P. mutabilis* Heer.

Thymeleae: *Laurus primigenia* Ung., *L. princeps* Heer., *L. agathophyllum* Ung., *L. styracifolia* Web., *L. benzoidea* Web., *L. obovata* Web., *L. protodaphne* Web., *L. tristaniaefolia* Web., *L. dermatophyllon* Web., *L. glaucoides* Web., *L. nectandraefolia* Web., *Cinnamomum Rossmaesleri* Heer., *C. polymorphum* Ung., *C. lanceolatum* Heer., *C. Scheuchzeri* Heer., *Daphnogene Ungeri* Heer., *D. elliptica* Web., *Daphne peraeoniaefolia* Web., *D. oreodaphnoides* Web., *Nyssa obovata* Web., *N. rugosa* Web., *N. maxima* Web., *Leptomeria divaricata* Wess. et Web., *Elaeagnus accuminata* Web., *Protea linguaefolia* Web., *Banksia Orsbergensis* Wess. et Web., *B. longifolia* Ung., *Hakea lanceolata* Web., *Dryandra Schrankii* Heer., *D. macroloba* Wess. et Web., *Dryandroides banksiaefolia* Heer., *D. lignitum* Heer.

Serpentariae: *Aristolochia primaeva* Web., *A. dentata* Web., *A. hastata* Web.

Caprifoliaceae: *Rubiacites asperuloides* Web., *R. asclepioides* Web., *Sambucus celtifolia* Web.

Contortae: *Fraxinus excelsifolia* Web., *F. rosifolia* Web., *Elaeoides lanceolata* Web., *Echitonium Sophiae* Web., *Plumeria neerifolia* Wess.

Personatae: *Dipterospermum bignonioides* Goepp.

Petalanthrae: *Chrysophyllum nereissisimum* Web., *Bumelia Oreadum* Ung., *Sapotacites minor* Heer., *Diospyros Myosotis* Ung.

Bicornes: *Andromeda Weberi* Andrae, *A. protogaea* Ung., *A. vaccinifolia* Ung., *Vaccinium acheronticum* Ung., *Gaultiera lignitum* Web.

Discantriae: Panax longissimum Ung., *Cornus rhamnifolia* Web., *C. accuminata* Web.

Polycarpicae: Magnolia attenuata Web., *M. Cyclopum* Web.

Nelumbia: Nymphaea lignitica Wess. et Web.

Columniferae: Dombeyopsis Decheni Web., *D. pentagonalis* Web., *Grewia crenata* Heer.

Acera: Acer trilobatum Braun, *A. picuspidatum* Braun, *A. productum* Braun, *A. integrilobum* Web., *A. pseudocampestre* Ung., *A. citifolium* Braun, *A. indivisum* Web., *A. dubium* Web., *A. cyclospermum* Goepp., *Malpighiastrum lanceolatum* Ung., *Malpighia glabraefolia* Web., *Dodonaea prisca* Web., *D. pteleaefolia* Web., *Paris septimontana* Web.

Frangulaceae: Celastrus Persei Ung., *C. Andromedae*, *C. scandentifolius* Web., *Pomaderris lanuginosa* Web., *Ilex Parschlugiana* Ung., *I. sphenophylla* Ung., *I. dubia* Web., *I. rhombifolia* Wess. u. Web., *I. Cassinites* Web., *Prinos oborata* Web., *Labatia salicites* Wess. et Web., *Zizyphus ovata* Web., *Z. Ungeri* Heer., *Z. paradisiaca* Heer., *Rhamnus aizoon* Ung., *R. Decheni* Web., *R. acuminatifolius* Web., *R. parvifolius* Web., *Ceanothus chaloides* Web.

Tricoccae: Clytia aglaiaefolia Wess. et Web., *Euphorbioides prisca* Web.

Terebinthineae. Juglans ventricosa Brongn., *J. costata* Ung., *J. venosa* Goepp., *J. acuminata* Braun, *J. bilinica* Ung., *Carya elaenoides* Ung., *Pterocarya denticulata* Web., *Rhus Noeggerathi* Web., *R. ailanthifolia* Web., *R. malpighiaefolia* Web., *R. Pyrrhae* Ung., *Ptelea Weberi* Heer., *Xanthoxylon Braunii* Web.

Calyciflorae: Combretum europaeum, Getonia Oeningensis Ung., *Terminalia miocenica* Ung.

Myrtiflorae: Melastomites marantiaefolia Web., *M. lanceolata* Web., *Eucalyptus oceanica* Ung., *E. daphnoides* Web., *E. polyanthoides* Web., *Panicites Hesperidum* Web.

Rosiflorae: Crataegus incisus Web., *Pyrus theobroma* Ung., *P. Saturni* Web., *Rosa dubia* Web., *R. Nausicaes* Wess. et Web., *Amygdalus persicifolia* Web., *A. pereger* Ung., *A. insignis* Wess. et Web., *Prunus prunoides* Web., *P. pyrifolia* Web.

Leguminosae: Robinia subcordata Web., *R. heteromorphoides* Web., *Colutea edwardsiaefolia* Web., *Phaseolites eriosemaefolium* Ung., *P. dolichophyllum* Web., *Sphinctolobium simile* Web., *Dalbergia retusaefolia* Web., *Haematoxylon coriaceum* Web., *H. cuneatum* Web., *Gleditschia Wesseli* Web., *G. gracillima* Web., *Cassia phaseolites* Ung., *C. ambigua* Ung., *C. Berenices* Ung., *C. lignitum* Ung., *C. palaeogaea* Web., *Ceratonia septimontana* Wess. et Web., *Acacia Socciana* Ung., *A. amorphoides* Web.

Plantae incertae sedis. Cucubalites Goldfussi Goepp., *Calyx Bignoniaceae? Artemisiae fractus? Sambuci fractus? Isatidis fractus?*

Von den vorstehenden Pflanzen kommen 206 Arten bei Rott im Siebengebirge, 10 an der Hardt daselbst, 44 bei Stösschen, 131 zu Orsberg, 19 zu Friesdorf, 22 zu Liessem, 68 am Quegstein, 32 zu Allrott, 14 an der Ofenkaule, und 16 zu Witterschlick vor. Davon finden sich am häufigsten bei Rott: *Cyperites Chavannesi*, *Libocedrus salicornioides*, *Glyptostrobus europaeus*, *Quercus Weberi*, *Carpinus grandis*, *Planera Ungeri*, *Ficus elegans*, *F. lanceolata*, *F. arcinervis*, *Laurus princeps*, *L. primigenia*, *Cinnamomum polymorphum*, *C. lanceolatum*, *Nyssa* drei Arten, *Bumelia Oreadum*, *Sapotacites minor*, *Chrysophyllum reverissimum*, *Daphnogenesis Decheni*, *Acer trilobatum*, *Malpighiastrum lanceolatum*, *Dalbergia retusaefolia* in der Blätterkohle und in den Sandsteinen vom Quegstein und Hardt *Sequoia Langsdorfii*, *Quercus grandidentata*, *Ficus lanceolata*, *Rhamnus Dechenii*, *Echithonium Sophiae*, ausserdem verkieselte Coniferenzapfen. Von den vorstehend verzeichneten 247 Arten der niederrheinischen Flora sind bis jetzt 120 auch anderswo gefunden, während ihr etwa 147 bis jetzt eigenthümlich sind. Von den 120 gehören 5 den eocenen und tongrischen Bildungen, 42 den tongrischen und aquitanischen, 35 der aquitanischen, Mainzer und Oeninger Stufe, 15 der aquitanischen und Mainzer, 13 der Mainzer und 12 der Oeninger Stufe an. Es kommen also davon auf die tongrische Stufe 45 Arten, die aquitanische 89, die Mainzer 72 und die Oeninger 56 Arten.

Dieser kurze Ueberblick über das niederrheinische Tertiär-Becken wird genügen, darzuthun, dass es trotz seiner einfachen geologischen Gliederung viele interessante Seiten darbietet, und dass seine reiche Fauna und Flora zu fortgesetzten Studien und neuen Beobachtungen auffordern, durch welche weitere interessante Aufklärungen über sein Verhältniss zu den Tertiärbildungen des mittelrheinischen Beckens und der grossen norddeutschen Ebene zu erwarten stehen.

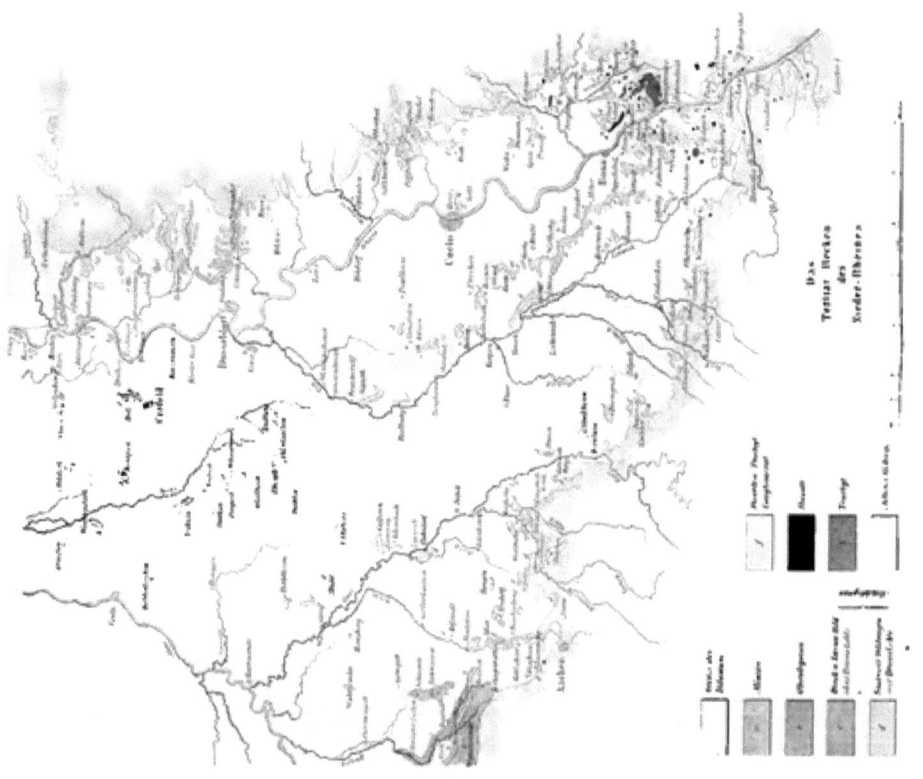